BIBLIOTHÈQUE ROSICRUCIENNE

PREMIÈRE SÉRIE. — N° 1.

JEAN TRITHÈME

TRAITÉ
DES CAUSES SECONDES

PRÉCÉDÉ

D'UNE VIE DE L'AUTEUR, D'UNE BIBLIOGRAPHIE ET D'UNE PRÉFACE
ET ACCOMPAGNÉ DE NOTES

(Ouvrage orné d'un portrait de Trithème).

PARIS
CHAMUEL, ÉDITEUR
5, RUE DE SAVOIE, 5
1897

TRAITÉ

DES

CAUSES SECONDES

BIBLIOTHÈQUE ROSICRUCIENNE

PREMIÈRE SÉRIE. — N° 1.

JEAN TRITHÈME

TRAITÉ
DES CAUSES SECONDES

PRÉCÉDÉ

D'UNE VIE DE L'AUTEUR, D'UNE BIBLIOGRAPHIE ET D'UNE PRÉFACE
ET ACCOMPAGNÉ DE NOTES

(Ouvrage orné d'un portrait de Trithème).

PARIS

CHAMUEL, ÉDITEUR

5, RUE DE SAVOIE, 5

1897

POUR PARAITRE DANS LA MÊME COLLECTION :

ISSACHAR BAER

Commentaire sur le Cantique des Cantiques.

A la mémoire de l'Alchimiste

Albert POISSON

Le présent livre est respectueusement dédié.

Tirage à un très-petit nombre d'exemplaires.

VIE DE TRITHÊME

IEAN TRITTHEME.

VIE DE TRITHÈME

Il est des hommes dont la vie intérieure, —
la seule qui réellement importe — semble une
énigme cachée sous l'épais manteau tissé des
faits de l'existence extérieure et quotidienne,
pour mieux échapper aux regards indiscrets. Il
est, au contraire, d'autres hommes qui ont
senti l'impérieuse nécessité de dénuder leur
âme véritable, de nous faire vivre de leur vie,
de nous faire sentir les doutes, les angoisses,
les tristesses et les joies qu'ils éprouvèrent au
cours de leur carrière terrestre. Parmi ceux-ci,
tels furent — peut-être doit-on dire tels sont
— saint Augustin, qui ne nous céla aucun des
mouvements de son âme ou de son esprit,

Ruysbrock, sainte Angèle de Foligno et en
général tous ceux pour qui cette sentence fut
proférée : « *Le Royaume des Cieux est aux
humbles de cœur* ». Tandis que l'âme des premiers dont nous connaissons ou croyons con-
naître parfois à fond la vie extérieure, paraît
vouloir échapper pour toujours à nos recherches.
Nous citerons ici Denys Aréopagite, Paracelse,
et le prodigieux Novalis, si peu connu..., et enfin
l'abbé Jean Trithême. Ceux-ci furent des
mages, ainsi qu'il est écrit : « *Le Royaume
des Cieux est aux violents.* » Ce dernier
nous a laissé, dans son *Népiachus*, une auto-
biographie très-fidèle, quant aux détails de
chaque jour, mais fermée quant à sa vie de
sage et d'initié. C'est dans la méditation très
approfondie de ses ouvrages qu'on pourra,
peut-être, trouver la clef de cette mystérieuse
existence intérieure et par la tradition seule
qu'on saura et le nom de son maître et celui de
ses disciples, car lui-même ne nous en dit abso-
lument rien.

Jean Trithème naquit, ainsi qu'il nous l'apprend lui-même, le 1ᵉʳ février 1462, à Trittenheim, ville située dans l'électorat de Trèves. C'est même du nom de ce lieu que, par contraction qabbalistique, et pour une raison magique, fut formé le sien propre. Car Trithème était de noble souche; son père, Jean Eidenberg ou Heidenberg de Monte, avait épousé une femme de plus grande noblesse que lui, et qui se nommait Elisabeth de Longwi ou de Longovico. Certains auteurs prétendent que Jean Eidenberg était vigneron, mais on a reconnu depuis qu'il était chevalier. Cette erreur provient de ce que sa femme Elisabeth lui avait apporté en dot de fort beaux vignobles sur les bords de la Moselle, renommés par la finesse de leur cru, et dont se tiraient les principaux revenus de la famille. Mais, une quinzaine de mois environ après sa naissance, Trithème eut le malheur de perdre son père, et sa mère, après sept années de veuvage, se décida à prendre un second mari, dont elle eut

plusieurs enfants : mais tous moururent fort
jeunes, à l'exception d'un seul, nommé Jacques,
auquel sont adressées plusieurs de ses épitres
familières. Le beau-père de Jean Trithême,
une sorte de brute, non seulement avait négligé
l'éducation de son beau-fils, au point qu'à
l'âge de quinze ans, c'est à peine s'il avait pu,
à la dérobée, commencer à apprendre à lire,
mais il allait encore jusqu'à lui imposer de
dures privations ou même à le frapper quand il
le voyait se livrer à l'étude. Mais le goût du
travail était inné en ce merveilleux enfant ; et
ni la défense de son beau-père, ni les menaces,
ni les mauvais traitements ne purent venir à
bout de son admirable patience. Pour suivre
son penchant, ne pouvant étudier durant le
jour, sous l'œil vigilant de son bourreau, il
s'échappait le soir avec mille précautions, et
allait passer une partie de la nuit chez un voi-
sin charitable qui l'avait pris en pitié, et qui
pour satisfaire son ardeur d'apprendre, lui
enseignait tant bien que mal à lire, à écrire, à

décliner et à conjuguer des mots et des verbes
latins. Puis l'écolier rentrait au logis paternel
comme il en était sorti, à la dérobée. Il vit bientôt que cette instruction ne le mènerait pas fort
loin, et prit le parti de quitter son premier
maître, malgré l'affection qu'il avait pour lui,
et peut-être même sur ses conseils et avec son
aide, il abandonna la maison familiale, où son
beau-père, ni même sa mère n'avaient pu ou su
le retenir.

Il se rendit d'abord à Trèves, où ses talents
se développèrent ; puis il visita quelques autres
villes, et finalement, attiré par la renommée
des savants d'Heidelberg, il se décida à y aller.
Arrivé en 1479, il y passa deux années entières
à se perfectionner dans les différentes sciences
qu'on y enseignait. Lorsqu'il pensa avoir acquis
un assez grand fonds de connaissances, l'idée
lui vint de retourner à Trittenheim. Il se mit
donc en route au commencement de l'année
1482 : le 24 janvier de cette même année, il
arrivait à Spanheim, et c'est là qu'il lui advint

l'événement intérieur qui décida du reste de sa vie. C'était, ainsi le raconte la tradition orale, à Heidelberg, qu'il avait rencontré un de ces hommes mystérieux qui ont sur l'existence des prédestinés, une influence prépondérante. Cet homme, dont nous devons taire le nom, avait eu avec le jeune Trithême plusieurs entretiens, et c'est sur l'avis de ce Maître, qu'il entreprit le voyage de Trittenheim, averti par l'étranger qu'il trouverait en chemin la clef de sa propre vie. En effet, les neiges abondantes qui ne cessèrent de tomber toute la journée du 24 janvier, le forcèrent à s'arrêter en ce lieu, et à demander asile au monastère des bénédictins qui s'y trouvait établi. Quel est Celui qu'il y rencontra? l'histoire ne le dit pas. Mais touché par la *Grâce intérieure*, il déclara, après une semaine, au prieur, qu'il renonçait au monde. Le 2 février, il quitta l'habit séculier, le 21 mars suivant, il fut admis au nombre des novices, et fit profession le 21 novembre de la même année.

A la mort de l'abbé, survenue le 9 juillet 1483, il était encore le dernier des profès quand ses confrères lui donnèrent par élection cette lourde succession, dont il devait faire un si bel usage. Si l'on voulait supposer, contre l'opinion de Mercier de Saint-Léger (Mémoires à la suite du *Supplément de l'Histoire de l'Imprimerie*, de Pr. Marchand), qu'alors l'année commençait à Pâques en Allemagne, il y aurait lieu de modifier les dates que nous venons d'énoncer, et de substituer 1482 à 1483, 1483 à 1484. Mais dans cette hypothèse peu plausible, l'élection de Jean Trithème, âgé de vingt-deux ans et demi au plus, semblerait encore bien précoce. Pour en être moins étonné, il faut songer d'une part que, studieux comme il était, et doué des plus heureuses dispositions, il avait non seulement fait de grands progrès durant les six ou sept années précédentes, mais encore les merveilleuses rencontres qu'il lui avait été donné de faire par deux fois sur le chemin de sa vie, lui avaient donné, par suite de son initiation, un ascendant considérable sur tous ceux qui l'entouraient ou l'approchaient ; d'autre part, à la fin du quinzième siècle, les monastères de l'ordre de Saint-Benoit, de même que nombre d'autres d'ailleurs, ne se peuplaient que de sujets fort médiocres, et ne possédaient plus, à beaucoup près, autant d'hommes de mérite qu'ils en comptaient jadis et qu'ils en ont retrouvés depuis. Aussi l'abbaye, dont Trithème prenait possession, était-elle dans un état de délabrement si déplorable, qu'effrayé des obligations qu'il venait de contracter, il craignit de n'avoir pas assez d'expérience et d'autorité pour les bien remplir. On avait négligé même le soin du temporel. Les bâtiments tombaient en ruine ; les biens étaient aliénés, ou engagés, ou mal régis. D'énormes dettes, qu'il fallait payer, rendaient cette administration de plus en plus difficile. Cependant, secouant promptement les craintes qu'il avait tout d'abord ressenties devant l'œuvre à accomplir, le jeune abbé se redressa de toute la force

de son indomptable énergie, il fit appel à
toutes les bonnes volontés, et, avec l'aide de la
Providence, il vint à bout de remédier à tant
de désordres : il fit des réparations et des constructions, opéra des remboursements, rétablit
l'équilibre entre les recettes et les dépenses.
Son zèle s'exerçait avec plus d'ardeur encore
sur le régime intérieur et moral de la commu-
nauté. Il exigea des mœurs plus régulières ; et,
persuadé qu'aucune réforme ne serait efficace
au sein de l'ignorance et de l'oisiveté, il s'efforça
de ranimer les études sacrées et profanes. Dans
ses sermons à ses moines, il leur recommande
surtout de lire et d'écrire : selon lui, le meil-
leur travail manuel auquel ils puissent se livrer est de transcrire des livres. Il voudrait
les voir presque tous occupés de cet exercice
honorable ou des services accessoires qu'il
entraîne, comme de préparer le parchemin,
l'encre ou les plumes ; de régler les pages, de
corriger les fautes, d'enluminer les titres et les
capitales, et de relier les tomes. Au moyen de

ces copies, de ses propres acquisitions et des
dons volontaires qu'on lui fit, soit d'anciens
manuscrits, soit de livres imprimés depuis
1450, il parvint à former une riche collection.
Il n'avait trouvé dans ce couvent que quarante-
huit volumes, ou même quatorze, à ce qu'il raconte quelque part : il y avait seize cent qua-
rante-six volumes en 1502, et bientôt après
deux mille, en tout genre et en toutes langues
spécialement en latin, en grec et en hébreu.
On venait voir par curiosité cette bibliothèque
nouvelle, qui paraitrait si chétive aujourd'hui.
On était d'ailleurs assez attiré à Spanheim par
le désir de connaitre le savant abbé, dont la
réputation s'était rapidement étendue. Des sei-
gneurs, des prélats, des hommes de lettre accou-
raient d'Italie, de France et de toutes les parties de l'Allemagne pour jouir de ses entretiens. Les princes qui ne pouvaient le consulter eux-mêmes lui envoyaient, nous dit-il, des
nonces et des orateurs pour traiter d'affaires
littéraires. En réalité c'étaient des messagers

confidentiels chargés de le consulter dans les
affaires les plus délicates, soient publiques,
soient privées.

Quoiqu'on rendît hommage à sa piété autant
qu'à son savoir, à la pureté de ses doctrines
théologiques comme à la variété de ses connaissances : quoiqu'il prescrivît sans cesse de pui-
ser la science de la religion à ses véritables
sources, c'est-à-dire dans les livres saints, et
de préférence dans les textes originaux, plutôt
que dans les écrits des philosophes et les con-
troverses des docteurs scholastiques, il se vit
pourtant soupçonné d'erreurs graves, accusé de
nécromancie et de magie. On avait fait croire
au peuple, qu'il avait comblé d'aumônes et de
bienfaits de toutes sortes, que c'était un sor-
cier plein de malice qui évoquait les démons
et les morts, prédisait l'avenir et usait d'en-
chantements et de philtres. Ce fut certainement,
comme l'affirme d'ailleurs Eliphas Lévi « le
plus grand magicien dogmatique du moyen
âge... le plus sage et le plus savant de

adeptes. » Mais il ne s'en tint assurément pas
à la théorie pure : c'est grâce aux pratiques
alchimiques qu'il avait pu restaurer convena-
blement le monastère, et il n'est pas moins
avéré, d'après des documents secrets, conservés
jusqu'à ce jour encore à la cour d'Autriche,
qu'il évoqua, à un de ses voyages auprès de
son disciple l'empereur Maximilien, l'image de
sa première femme Marie de Bourgogne, morte
en 1482.

Voici ce qui s'était passé :

Maximilien, devenu veuf, et inconsolable de
la perte de cette jeune et charmante princesse,
avait fait demander à Trithême son avis sur
l'avenir de l'empire et sur le sien propre.
L'abbé n'hésita pas à partir pour la cour, et
une opération magique fut décidée, consistant
en l'évocation de la princesse défunte, qui
seule pouvait, paraît-il, indiquer à l'empereur
quelle femme il devait prendre. Après les pré-
paratifs d'usage, Trithême, Maximilien, et un
fidèle ami de ce dernier, en même temps un

adepte, Trithème étant opérateur, se rendirent
à la salle destinée à l'évocation. Marie se mon-
tra aux yeux de tous trois, parée de son éclat
accoutumé, et révéla au prince des choses fort
curieuses sur tout ce qui devait advenir. Mais
Maximilien, ne pouvant se retenir en sa présence, s'élança hors du cercle consacré, et fail-
lit être foudroyé. Peu de temps après, il épousa
Blanche Sforza, fille de Galéas Sforza, duc de
Milan.

L'histoire avait transpiré au dehors, déna-
turée, bien entendu, comme toujours, et les
ennemis de Trithème profitèrent de l'occasion
pour raconter que Maximilien, ayant cherché et
trouvé une verrue qu'il savait être située à la
nuque de la princesse, avait ressenti un tel effroi
qu'il avait chassé de sa présence l'abbé, en lui
défendant de renouveler de pareilles expé-
riences ; ce qui est totalement faux, puisque,
peu d'années après, Trithème, qui conserva
toujours les mêmes relations avec son auguste
disciple, écrivit à sa demande plusieurs ou-

vrages, entre autres la « *Curiositas regia* ».

En 1505, Philippe l'Ingénu, comte palatin du Rhin, le pria de venir à Heidelberg, où il voulait conférer avec lui sur la translation d'un monastère. Trithème s'y rendit et tomba malade. Pendant ce temps-là, ses ennemis, excitant contre lui les moines de Spanheim, leur faisant honte principalement de leur travail manuel, les décidèrent à secouer son joug. Pour être mieux informé des détails des suites de cette révolution claustrale, il se retira d'abord à Cologne, puis à Spire ; mais il apprit que ses moines persévéraient à s'affranchir de son autorité, qu'ils ne voulaient plus d'un abbé qui prétendait les obliger à s'instruire et à se comporter raisonnablement. Dans des lettres admirables, il pressa les mécontents de revenir à des sentiments meilleurs ; voyant l'inanité de ses efforts, il résolut de ne jamais retourner auprès d'eux, quoiqu'il se sentît rappelé dans leur monastère par la bibliothèque qu'il y laissait et par le souvenir du bien qu'il y avait fait pendant vingt-deux années. On lui conféra l'abbaye de Saint-Jacques à Wurtzbourg ; il en prit possession le quinze octobre 1506, y passa les dix dernières années de sa vie, n'acceptant aucune des places plus éminentes qu'on s'empressait de lui offrir ailleurs, et y mourut le 27 décembre 1516, et non, ainsi que l'affirme à tort Bellarmin, suivi par Vossius, en 1519. L'abbé Trithême fut enseveli dans ce couvent de Saint-Jacques, où il avait paisiblement poursuivi le cours de ses travaux littéraires.

Trithême fut assurément un des plus grands adeptes du moyen âge, mais ses travaux magiques roulent plutôt sur l'art de cacher les mystères, tels sa *Stéganographie,* sa *Polygraphie,* etc. A quelle branche de la tradition appartenait-il ? nul document patent n'est là pour l'établir. Nous avons pourtant de puissants motifs d'inférer qu'il fut un des membres secrets les plus actifs de la première ROSE-CROIX, dont faisaient partie Reuchlin, Pic de la Mirandole et plusieurs autres savants. La confor-

mité des doctrines de Trithême et de celles de
la ROSE-CROIX, plus tard nettement exposées par
Paracelse, Robert Fludd, Henri Khunrath, res-
sortira clairement du fragment suivant, extrait
d'un de ses ouvrages hermétiques, qui est en
quelque sorte une véritable profession de foi :

« *Dieu est un feu essentiel et caché, qui*
« *réside en toutes choses et spécialement*
« *dans l'homme. Ce feu engendre toutes*
« *choses. Il les engendre et les engendrera*
« *dans le futur ; et ce qui est engendré c'est*
« *la vraie lumière divine qui existe de toute*
« *éternité. Dieu est un feu ; mais nul feu*
« *ne peut brûler, nulle lumière ne peut se*
« *manifester dans la nature sans l'adjonction*
« *d'air qui détermine la combustion ; et de*
« *même l'Esprit Saint doit agir en nous*
« *comme un « air » ou « souffle » divin,*
« *faisant jaillir du feu divin un souffle sur*
« *le feu interne de l'âme, en sorte que la*
« *lumière apparaisse, car la lumière doit*
« *être alimentée par le feu, et cette lumière*

« est amour, bonheur et joie dans l'éternelle
« divinité. Cette lumière est Jésus, qui émane
« de toute éternité de Jéhovah. Celui qui ne
« possède pas cette lumière au dedans de lui
« est plongé dans un feu sans clarté ; mais
« si cette lumière est en lui, alors le Christ
» est en lui, s'incarne en lui, et il connaîtra
« cette lumière telle qu'elle existe dans la
« nature.

« Toutes choses, telles que nous les voyons,
« sont intérieurement feu et lumière, où se
« cache l'essence de l'esprit. Toutes choses
« sont une trinité de feu, de lumière et d'air.
« En d'autres termes, « l'Esprit », le « père »,
« est une lumière suressentielle (1) ; le
« « fils », c'est la lumière manifestée ; le
« « Saint Esprit », est un air mobile, divin
« et suressentiel. Ce feu réside dans le cœur
« et envoie ses rayons par tout le corps de
« l'homme, et y détermine la vie. Mais nulle

(1) En soi.

« lumière ne naît du feu sans la présence
« de l'esprit de sainteté. . . . .

. . . .

« Toutes choses ont été faites par la puis-
« sance du verbe divin, qui est l'esprit ou
« souffle divin émané dès le principe de la
« fontaine divine. Ce souffle est l'esprit ou
« âme du monde et on le nomme « Spiritus
« mundi ». Il était d'abord semblable à l'air,
« puis il se contracta en un brouillard ou
« substance nébuleuse et finalement se trans-
« mua en « eau » (1). Cette « eau » était
« d'abord esprit et vie, parce qu'elle était
« imprégnée et vivifiée par l'esprit. L'obscu-
« rité emplissait l'abîme ; mais par la pro-
« fération du verbe, la lumière y fut engen-
« drée, et les ténèbres furent illuminées par la
« lumière, et « l'âme du monde (2) » prit
« naissance. Cette lumière spirituelle, que
« nous appelons « Nature », ou âme du

(1) *Akasa* des Hindous.
(2) La lumière astrale.

« monde, est un corps spirituel qui, au
« moyen de l'Alchimie, peut être rendue
« tangible et visible ; mais comme elle existe
« à l'état invisible, on la nomme « esprit ».

« C'est un fluide universel et vivant, dif-
« fusé partout dans la Nature, et qui pénètre
« tous les êtres. C'est la plus subtile de toutes
« les substances, la plus puissante à cause
« de ses qualités inhérentes ; elle pénètre
« tous les corps, et détermine les formes en
« lesquelles elle déploie son activité. Par son
« action, elle libère les formes de toutes im-
« perfections ; elle rend pur l'impur, parfait
« l'imparfait, et immortel ce qui est mortel,
« en s'y fixant.

« Cette essence ou cet esprit émana du
« centre dès le principe, et s'incorpora dans
« la substance dont l'univers est formé. C'est
« le « Sel de la Terre », et sans sa présence,
« l'herbe ne croîtrait pas, ni les prés ne ver-
« diraient ; et plus cette essence est con-
« densée, concentrée et coagulée dans les

« *formes, et plus elles ont de stabilité. Cette*
« *substance est la plus subtile de toutes*
« *choses ; incorruptible et immuable en son*
« *essence, elle remplit l'infini de l'espace.*
« *Le soleil et les planètes ne sont que des coa-*
« *gulats de ce principe universel ; de leur*
« *cœur palpitant ils distribuent l'abondance*
« *de leur vie, et l'envoient dans les formes*
« *des mondes inférieurs et dans tous les*
« *êtres, agissant par leur propre centre, et*
« *élevant les formes sur la voie de la per-*
« *fection. Les formes en qui se fixe ce vivant*
« *principe, deviennent parfaites et durables,*
« *en sorte qu'elles ne s'altèrent, ni ne se*
« *détériorent, ni ne changent plus au con-*
« *tact de l'air ; l'eau ne peut plus les dis-*
« *soudre, ni le feu les détruire, ni les élé-*
« *ments terrestres les dévorer.*
« *Cet esprit s'obtient de la même manière*
« *qu'il est communiqué à la terre par les*
« *astres ; et ceci se fait par le moyen de l'eau,*
« *qui lui sert de véhicule. Ce n'est pas la*

« Pierre des Philosophes ; *mais celle-ci peut* « *en être préparée en fixant le volatil.*

« *Je vous avise de faire grande attention* « *à l'acte de faire bouillir l'eau ; ne laissez* « *point votre esprit se troubler de choses de* « *moindre importance. Faites-la bouillir* « *lentement, puis laissez-la putréfier jusqu'à* « *ce qu'elle ait atteint la couleur convenable,* « *car l'onde de vie renferme le germe de la* « *sagesse. En bouillant, l'eau se transfor-* « *mera en terre. Cette terre se changera en* « *un pur fluide cristallin qui produira un* « *excellent feu rouge ; mais cette eau et ce* « *feu, réduits en une seule essence, pro-* « *duisent la grande Panacée, composée de* « *douceur et de force : l'Agneau et le Lion sont* « *unis.* »

Parmi les disciples de Trithème, l'histoire compte l'Empereur Maximilien, et surtout le fameux *Henri Corneille Agrippa,* dont chacun connait les quatre livres de Philosophie Occulte. C'est même sur les avis de son maître, qu'il entreprit la composition de cet ouvrage, dont le quatrième livre, construit qabbalistiquement, est intraduisible. Trithême, voyant la propension de son disciple à révéler la science sacrée, ne lui révéla pas les mystères suprêmes, et lui écrivit à ce sujet une lettre dont les dernières lignes contiennent un salutaire avertissement, dont chacun doit faire son profit.

Ami lecteur, médite-le :

« *Nous n'avons plus maintenant qu'un* « *conseil à te donner; et ne l'oublie jamais:* « *Au vulgaire ne parle que de choses vul-* « *gaires; réserve pour tes amis particuliers* « *les secrets d'un ordre plus élevé.* »

Ainsi l'avait déclaré le grand Hiérophante :

« NON MARGARITAS ANTE PORCOS... »

BIBLIOGRAPHIE

BIBLIOGRAPHIE DES ŒUVRES DE TRITHÊME

Pour plus de clarté nous avons divisé cette bibliographie en trois parties. La première contient l'analyse des ouvrages du recueil de Marquard Freher avec leurs éditions séparées. La seconde contient les ouvrages du recueil de Busée avec son supplément. Enfin la troisième, les ouvrages parus séparément.

Cette bibliographie comporte 54 ouvrages répartis en 116 éditions.

PREMIÈRE PARTIE

9 OUVRAGES EN 36 ÉDITIONS

Recueil de Marquard Freher, dont voici le titre exact:

Johannis Trithemii Spanheimensis primo deinde. D. Jacobi Maioris apud Herbipolin abbatis viri suo ævo doctiss. Francofurti typis Wechelianis apud Claudium Marnium et heredes Joannis Aubrii, MDCI.

Ce recueil se compose de deux tomes en un seul volume.

(Bibl. Nation. Inventaire, M. 481)

La première partie porte pour titre :.

Primæ partis. Opera historica. Quotquot hactenus reperiri potuerunt omnia :

Partim e vetustis fugientibusque editionibus, revocata et ad fidem archetyporum castigata, partim ex manuscriptis nunc primum edita. Quorum catalogum aversa pagina exhibet. Ex Bibliotheca Marquardi Freheri Consiliarii Palatini cum indice copiosissimo.

Cette première partie comprend 412 pages plus l'index.

La seconde partie, avec les titres et dates sem-

blables à ceux du premier volume, porte en
outre :

Secundæ partis chronica Insigna duo .I. Cœnobii Hirsaugiensis Diœcesis Spiriensis eius
fundationem et progressum ab anno Christi
DCCCXXX usque ad annum MCCCLXX. II.
Cœnobii Spanheimensis Diœcesis Mogun-
tinensis eius fundationem et progressum
ab anno Christi MCXXIIII usque ad annum
MDXXVI vel potius res ab acto illis sæculis
in tota ecclesia et Imperio memorabiliter
gestas complectens. Quorum prius colla-
tione archetypi ipsius auctoris manuscripti
correctius et plenius posterius vero istud
nunc primum è tenebris erutum ab insignem utilitatem optimâ fide in lucem edi-
tur. Accedunt Epistolæ eiusdem Familiares
ab excessu eius de cœnobio Spanheimensi
ad Principes clarosque viros scriptæ histo-
riis eius ævi referctæ.

Cette seconde partie se compose de 574 pages
plus les indices. Marquard Freher, qui fit éditer
ce superbe volume était un érudit né à Augsbourg, en 1565, d'une remarquable famille ; il
avait fait son droit à Altorf, puis avait été profes-
seur à l'Université d'Heidelberg. Il nous a laissé
15 ouvrages, dont celui-ci. On ignore par quelle
suite de circonstances il a été porté à éditer Trithème.

La première partie de l'*Opera historica*, se compose comme prolégomènes d'une dédicace de Freher au prince évêque de Wurzbourg, d'une pièce de vers de Paulus Melissus, puis d'un essai sur la vie et les œuvres de Trithême, par Jean Duraclusius, son disciple, intitulé *Vita et lucubrationes Johanni Trithemii*, dont je vais parler plus loin; puis trois inscriptions en vers latins, un extrait de Paulus Langus ; la formule d'une poudre médicinale employée par Trithême, dont la composition se rapproche de la thériaque de Venise ; enfin, un remarquable portrait de Trithême et un extrait du *De Viris illustribus*, lib. XII, cap. LXXX, d'André Thevetus, en français, où il accuse Trithême d'avoir pratiqué les sciences noires et occultes « choses superstitieuses et indignes d'un écclésiastique ». « Au reste, ajoute-t-il, ie ne m'amuseray icy à vous donner à entendre que nostre Trithême disoit y avoir double Magie, l'une naturelle et l'autre superstitieuse. » Puis commence la Chronologia mystica.

La deuxième partie comporte comme prolégomènes, un avertissement de Freher et une pièce de vers de Paulus Mélissus.

L'abrégé de Duraclusius duquel j'ai promis de parler est fort curieux, car il nous donne une liste complète des œuvres de Trithême, dont la plupart ne sont pas parvenues jusqu'à nous et sont restées probablement en manuscrit. Cette bibliographie serait incomplète si je ne citais pas ce document en entier.

Suivant cet auteur, Trithème aurait composé :

Un livre des constitutions de son ordre ;

Un livre de la visite des moines ;

Un livre de la manière de tenir les chapitres provinciaux ;

Deux livres sur la règle de Saint Benoît ;

Deux livres d'exhortations et homélies à ses moines ;

Deux livres sur les tentations du cloître et leurs remèdes ;

Un livre sur la vie sacerdotale :

Un livre contre la propriété des moines :

Un livre sur les vanités de de la vie ;

Un livre sur la décadence de son ordre ;

Quatre livres sur les hommes illustres de son ordre ;

Deux livres de louanges sur l'ordre des frères Carmélites :

Un livre de louanges sur ceux qui emploient leur temps à copier des manuscrits ;

Un livre des écrivains ecclésiastiques ;

Un livre de louanges de sainte Anne ;

Un livre des chroniques de Spanheim (non paruum volumen, ajoute-t-il) ;

Deux grands volumes des annales d'Hirsauge ;

Un livre de chroniques de la succession des ducs de Bavière et comtes Palatins ;

Un livre de sainte Hermine, abbesse ;

Deux livres sur les désordres des moines ;

Un livre de louanges de saint André, apôtre ;

Un livre de louanges de saint Joseph, nourricier de Dieu ;

Un livre de louanges de saint Benoit, abbé ;

Un livre de louanges de la vie monastique ;

Un livre de louanges de l'étude de la divine Ecriture ;

Un livre du soliloque de l'âme ;

Un livre à Uldarich, chanoine de Cologne sur quelques questions de l'Evangile de saint Jean ;

Un livre au même sur les psaumes ;

Un livre d'annales du chapitre ;

Un livre des exercices spirituels des moines ;

Un livre sur le comput ecclésiastique ;

Une liste des écrivains illustres de l'Allemagne

Quatre livres de lettres, à divers ;

Quatre-vingts oraisons prononcées dans le chapitre et autres lieux;

Quarante sermons aux moines de Spanheim :

Un livre de supplications à Dieu et aux Saints ;

Un sermon grec de l'abbé Maximilien, sur l'Incarnation de Dieu, traduit en latin :

Les anathèmes de saint Cyrille contre les hérétiques et ses lettres grecques aux Synodes, traduits en latin ;

Trois livres intitulés *De triplici regione claustralium*, écrits pour l'édification de ses moines ;

Six livres de Polygraphie

Un livre de la clef de la Polygraphie ;

Un livre de réponses à huit questions de Maximilien César ;

Un livre, « de septem intelligentiis »;

Vingt livres de questions variées au prince électeur Joachim ;

Huit livres de stéganographie :

Un livre de lettres au prince Joachim ;

Cinq livres au même contre les maléfices et les arts prohibés par l'Eglise ;

Trois livres au même sur les causes des maladies et des maléfices :

Deux livres sur les tribulations de sa vie à son frère Jacques :

Un livre sur la propriété des moines, adressé au médecin Burgard de Horneck ;

Trois grands livres des annales des Francs ;

Trois livres d'histoires à Laurent de Bibra :

Un livre des évêques Francs, au même ;

Deux livres des miracles à la mémoire de la Vierge Marie :

Six livres des miracles ;

Un livre d'apologie à Charles Bouillée ;

Un livre de l'origine des Rois Francs ;

Un livre de chroniques de son monastère :

Trois livres de la vie de Raban Maur :

Un livre de la vie de saint Maxime, évêque ;

Quatre livres de l'origine

| des ducs de Bavière et comtes palatins ; | Douze livres des démons ; Quatre livres de lettres. |

L'édition de Freher contient neuf ouvrages :

Tome 1° De septem secundeis ;
— 2° Compendium sive Annalium franccorum ;
— 3° De origine gentis francorum ;
— 4° Chronicon successionis ducum bavariæ ;
— 5° Catalogus virorum germaniam ;
— 6° De scriptoribus ecclesiasticis.

I^e Tome 1° Chronica hirsaugiensis ;
— 2° Chronica sponheimensis ;
— 3° Epistolæ familiares.

Nous allons examiner séparément chacun de ces ouvrages avec leurs éditions successives.

Johannis Trithemii abbatis spanheymensis, de septem secundeis, id est Intelligentiis sive spiritibus orbes post Deum moventibus libellus sive chronologia mystica multa scituque digna, mira brevitate in se complectens arcana.

Cet ouvrage occupe neuf pages ; il est dédié à Maximilien. Il y avait eu auparavant d'autres éditions :

De VII secundeis id est intelligentiis.

Nuremberg, 1522, 4°.

Augsbourg, 1545, 8°.

Cologne, 1567, 8°.

Il en a été donné une traduction allemande, chez Hiev. Höltzel.

Nürnberg, 1522, 4°.

et une autre

sans lieu ni date (1534, d'après Graësse), 8°.

Aucune de ces éditions ne se trouve à la Bibl. nat. Enfin il a été reproduit en

1600, 8°.

dans la polygraphie (Argent), et en

1515, 4°.

dans le Liber octo quæstionum theologicarum ad Maximilium.

2° Compendium sive breviarium primi voluminis chronicorum sive annalium ioannis trithemii abbatis sancti Jacobi majoris apostoli in suburbio civitatis Wircipurg. De origine gentis et regum francorum ad reverendissimum in Christo patrem et principem dominum Laurentium Episcopum Wirtzpurgentem orientalisque Franciæ Ducem incipit.

Cet ouvrage dans le recueil de Fréher comprend 62 pages précédées d'une lettre de Trithême. Il

énumère les rois Francs célèbres en commençant
à Marcomir, puis cite Anténor, Priamus, Helenus,
Dioclès, Hélenus Major, Basanus, Nicanor, Marcomir Clodius, Antenor, Clodomir, *Merodacus
Clodomir*, Cassander, Antharius, Francus, Clogio,
Herimerus, Marcomir, Clodomer, Antenor, Ra-
therus, Richimerus, Odemarus, Marcomerus, Clodomer, Farabertus, Suinno, Hildericus, Barthe-
rus, Clodius, Waltherus, Dagobert, Clodomir, Ri-
chimer, Theodomir, Clogio, Marcomir, Dagobert,
Pharamond, Clodion, etc., il rentre ici dans la suite
historique des rois. Deux autres éditions de cet
ouvrage existent :
1° Mayence, 1515, f°.

Bibl. nat. Réserve $\frac{L}{a}$ 6. Même titre que dans
le recueil de Freher. Cette édition fut faite par
les soins de François Morin. C'est un superbe in-
folio gothique de 105 pages non numérotées ; en
tête se trouve un admirable frontispice et un
portrait de Maximilien puis un privilège de ce
même Empereur. Les noms des rois sont imprimés
més en gothique énorme. Le verso de la dernière page porte : Impressum et complectum est
presens chronicarum opus anno dñi MDXV in vigilia Margaretæ virginis in nobili famosaq. urbe
Moguntiana... per Joannem Schöffer. Ce même
verso donne des détails sur l'invention de l'imprimerie qu'il attribue à Jean Faust et à Pierre
Schöffer. On l'a reproduit dans *le Bulletin des Bi-
bliophiles*, ann. 1855, page 136 et dans le catalogue de Tross, ann. 1861, n° 408.

2° Paris, 1539 f°.

Bibl. nation. $\frac{L\,4}{a}$ 6. Porte le même titre que
ci-dessus. Parisiis in officina christiani Wecheli,
sub sento Basiliensi in vico Iacobæo MDXXXIX,
avec une dédicace de François Morin au chance-
lier Poietius et un extrait des registres du Parle-
ment touchant les Francs.

Michaud prétend que cet ouvrage a été réimprimé dans le recueil de Schardius, tome III, mais
c'est une erreur; il a confondu avec l'ouvrage
suivant, imprimé au tome Ier.

Eyn schone cronica vō Erstem urspruck ū
ūffwachsen der Fracken wie Sie in Deutsch
Landt Komen.

Lichtmess, 1522 f° av. fig., sur bois
réimprimé

Francfort, 1563 8°.

**3° De origine gentis francorum com-
pendium ioannis trittenhemi abbatis ex duodecim ultimis hunibaldi
libris quorum sex primos Wasthal-
dus conscripsit, ab introitu Sicam-
brorum, ad partes Rhemi in germaniam In quo etiam Præsulum Wirce-
purgensium enumeratio.**

Roman (!) comme dit Michaud, qui remonte à
439 ans avant J.-C., au temps de Cyrus, roi des
Perses, d'Esdras, et de Nehemie, 750 ans après

la guerre de Troie et descend jusqu'au milieu du
VIIIe siècle de notre ère. 37 pages.

On prétend qu'il existe deux éditions de cet
ouvrage ; Mayence, 1515 et Paris 1539. Mais
c'est par erreur. Michaud a été induit en erreur
par la similitude des titres, et a confondu avec
l'ouvrage précédent.

Par la même erreur, c'est cet ouvrage n° 3 qui
se trouve dans le recueil de Schardius et non
le n° 2.

Schardius, historiens d'Allemagne, Bâle,
1574.

Bibl. nat. M. 424, tome I, page 501, contient
le *De origine gentis francorum*, qui y occupe
47 pages. Il est encore reproduit dans le

Geschicht schreiber von dem Bischoffshum
Wirzburg Woben eine vorbereitung
zu der Frankischen historie und die Bild-
nisse aller Bischoffe zurammen getra-
gen und mit einer vorrede verschen von
Johann Peter Ludewig. Franctfurt. Ben
Thomas Fritschen, 1713.

Bib. Nat., M., inventaire, 802. On y trouve le
De origine, à la page 1011, 35 pages.

4° **Joannis Trithemii abbatis chronicon
successionis ducum bavariæ et comi-
tum palatinorum : ad philippum pa-
latinum comitem, Principem, Electo-
rem.**

20 pages. Parmi les noms cités : le premier, Boioarus, puis Norix, Boamundus, Gerobaldus ou Garibaldus, Lanfridus, Walramus, Karolus Magnus, Griffo, Pippinus, Ludovicus cogmomento pius, Lotharius, Agœta, impératrice, Arnoldus, Bernherus, Cuno, Olhon, Welfe, Ecchardus, Meynhardus.

On cite des éditions de

Francfort, 4°, 1544.
     —   4°, 1549.
     —   4°, 1616.

puis une

Traduction en allemand, par Ch. Em. Voegelin.

5° Catalogus illustrium virorum germaniam suis ingeniis et lucubrationibus, omnifariam exornantium domini iohannis trithemii abbatis spanheimensis ordinis Sancti Benedicti; ad Iacobum Wimpfelingum sletstatinum Theologum

précédé d'une epistola magistri Malthei Herbeni traiectensis, ad insignem virum iadocum beyselium, patricium aquensem, puis d'une lettre de Trithème et d'une préface. Le livre porte un second titre : Liber Domini Johannis Trithemii spanheimensis abbatis, de luminaribus, sive de illustribus viris germaniæ : quæ præstantes ingenio varia scripserunt. 6o pages, 5o6 hommes illustres y sont nommés ; avec quelques détails sur leur vie, parmi les principaux : Maxime VII, évêque de Mayence, le premier cité ; Paulinus, archevêque de Trêves, Winfridus ou Boniface, premier archevêque de Mayence. Walafrid, abbé du monastère de Saint-Gall, Charlemagne, Eginhard, Freculphus, Hamularius, archevêque de Trèves, Raban Maur, Salomon, évêque de Constance, Rosvida (lisez Hroswitha) du monastère de Gandesheim, dont il cite non seulement le théâtre, mais les œuvres théologique. Smaragdus, abbé de Saint-Michel, David, de l'ordre des FF.-Mineurs. Simon de Spire, Henricus de Kalker, Jean Rusbrock, de l'ordre des chanoines réguliers, Sainte-Hildegarde, Nicolas de Cusa, Thomas à Kempis, etc. Il y donne à la fin des détails sur sa propre vie, puis fait lui-même un catalogue de ses œuvres, mais beaucoup moins ample que celui de Duraclusius. Il existe une édition :

Catalogus illustrium viro ♃ germaniā ingenijs et lucubrationibus omnifariam exornantium s. l. n. d. 4°. (Utrecht, 1495?) et une autre

4° Moguntiæ, per Petrum Fridbergensem, 1495. (1497, suivant Michaud.)

6° Commendatissimi viri reverendique in Christo Patris. Dn. Johannis de Trithem abbatis Spanheimensis. Li-

ber de Ecclesiasticis scriptoribus.

Un des plus importants ouvrages de Trithême, qui d'ailleurs est resté classique et a servi de base à toutes les reproductions similaires. 223 pages. Il fut achevé en 1494, dédié à l'évêque de Worms, Jean de Dalberg et comprend 963 articles sur un même nombre de pères de l'Eglise et de théologiens, depuis le pape Clément Ier jusqu'à l'auteur. Il est précédé d'une épigramme de Sébastien Brant, de deux lettres de Trithême et d'un prologue.

Cet ouvrage a eu beaucoup d'éditions. La première n'est pas celle de Freher. Elle est de Bâle, 1494, édit. de Jean de Amerbach f°.

(et non 4° comme le dit Graesse).

Bibl. nat. Invent. réserve Q. 60. (C'est le n° 15613 de Hain.) La reliure de cet exemplaire est couverte à l'intérieur de caractères hébreux manuscrits. Cette édition ainsi que les deux suivantes ne renferme pas les *additiones nonnullorum illustrium virorum* qui furent faites plus tard, ni l'*appendix* de Freher, page 408.

Mayence, 1494, 4°.

Paris, 1497, 4°.

Editions suivantes avec additions et appendices.

Paris, 1512, 4°.

Bibl. nat.; invent. réserve Q. 202. Intitulé De scriptoribus ecclesiasticis dissertissimi viri Johannis de Trittêheim, abbatis spahemêsis de scripto-

ribus ecclesiasticis collectanea : additis nonūl-
lorū ex recetiorib ? vitis et noībus qui scriptis
suis hác nostra tūpestate clariores evaserunt. La
date se trouve à la fin. 220 feuilles avec recto et
verso ; donc 440 pages. Mais il manque neuf
feuilles dans cet exemplaire, de 31 à 40. L'appen-
dice de Freher n'existe pas encore.

Cologne, 1531.

Cologne, 1546, 4°.

    Bibl. nat. Q. 460, Ex officina Petri Quentel,
mense, martio anni MDXLVI, 494 pages.

Bâle, 1594.

    reproduit dans la

Bibliotheca ecclesiastica d'Aubert le Mire,
    opus posthuum, aubertus van den Ecde
    publicabat. Antverpiæ, 1649.
    page 1 avec longues additions.
    Bibl. nat. invent. Q. 20-21 et dans la

Bibliotheca ecclesiastica de J. Alb. Fabri-
    cius, Hambourg, 1718, f.

**7° Chronica insignis monasterii hirsau-
giensis ordinis S. benedicti per ioannem trithemium abbatem spanhei-
mensem edita.**

    235 pages. Ces annales commencent en 830 et
finissent en 1370. La première édition avait été
donnée à

4

Bâle, 1559, f°.

Bibl. nat., Invent. M., 48.. Dans le titre, après
le mot Sphanheimensem on a ajouté : virum sua
ætate doctiss. conscriptum, ac diu. hactenus a
multis desidĕratum nunc vero primum in lucem
editum. A la dernière page : Basileæ, apud Jaco-
bum Parcum expensis. io, oporini anno M.D.LIX;
mense augusto, 3o3 pages.

On savait que Trithême avait conduit ses annales jusqu'en 15ı3, mais on croyait que son manuscrit avait été brûlé dans un incendie, lorsque
Mabillon découvrit cette seconde partie dans
l'abbaye de Saint-Gall. Il la fit publier en 1690
comme suit :

Monastère de Saint-Gall, 1690, f°.

2 vol. Bibl. nat. M. 483-84 Invent. sous ce titre :
Johannis Trithemij spanheimensis et postea divi
Jacobi apud Herbipolim abbatis viri ævo doctis-
simi Annalium Hirsaugensium opus nunquam hactenus editum et ab eruditis semper desideratum.
Complectens Historiam franciæ et germaniæ gesta
imperatorum, regum, principum episcoporum,
abbatum, et illustrium virorum nunc primum in
gratiam et utilitatem Editorum e manuscriptis
Bibliothecæ monasterii S. Galli publicæ luci da-
tum anno MDCXC Excudebat Joannes Georgius
Schlegel. Le tome ı comprend 6ı6 pages ; le
tome 2, 69ı. En tête du premier volume se trouve
une préface qui raconte l'incendie où périt l'ouvrage de Trithême, puis la découverte du manus-

crit, ensuite une liste des saints, des évêques, des abbés d'Hirsauge puis une lettre de Trithême qui ne se trouve pas dans l'édition de Freher. Les annales sont continuées jusqu'en 1513, mais avec de grandes modifications. Voltaire le plus superficiel de tous les auteurs a éprouvé le besoin de citer ces annales dans *l'Essai sur les mœurs des nations*; quant aux citations qu'il a faites dans cette niaiserie qu'on appelle *Dictionnaire philosophique*, aux articles *Abbaye* et *Biens d'Eglise*, puis dans *la Pucelle*, chant *VIII*, elles sont purement fantaisistes.

Enfin on a donné une édition de *la Vie de Frédéric*, comte Palatin, dit le Victorieux.

Cologne, 1602, 4º.

Extraite des précédentes chroniques.

Consulter Ruland, Serapeum, tome XVI, pages 296, 314 et suivantes.

8º Chronicon huius monasterii Sponheimensis ab exordio fundationis suae complectens successiones omnium abbatum breviter, incipit feliciter.

Cet ouvrage, de 198 pages, est précédé d'une lettre de Trithême datée de 1506. L'auteur à la fin de ces annales donne des détails sur sa propre vie, en l'année 1506, page 425.

Cet ouvrage a eu d'autres éditions, perdues aujourd'hui.

9° Johannis Trithemii abbatio spanheimensis epistolarum familiarum.

Ce recueil est divisé en deux parties. La première partie comprend 79 lettres, la seconde 61, soit 140 lettres en 157 pages, précédées d'une épistola nuncupatoria.

Il y en a eu une réimpression :

Hagonæ, 1536, 4°.

Bibl. nat. Invent. Z, 3168, intitulée Joannis Trithemii abbatis spanheimensis epistolarum familiarum libri duo ad diversos Germaniæ Principes Episcopos, ac eruditiones præstantes viros, quorum Catalogus subjectus est, cantum est publico edicto Cæsaræ maiestatis ne quis alius imprime intra quatuor annos imprimat. Hagonæ ex officina Petri Brubachij. 344 avec privilège de Ch. Quint, puis lettre de Spiegel au typographe Brubach.

Des extraits de ces lettres se trouvent dans les *Lettres choisies* de Richard Simon, tome IV, page 131.

Amsterdam, 1730, 8°.

et dans les *Miscell. lipsiens. nova*, tome II, part. I, pages 109-125.

C'est à tort qu'on a cru avec Michaud qu'elles étaient reproduites dans le recueil de Busée. Celles qu'on y trouve ne sont pas les mêmes; elles ne sont qu'au nombre de 55 en un seul livre.

Parmi les 140 lettres, il y en a six à son frère, Jacques Trithème, avec deux réponses de celui-ci,

onze au sicambre Roger, avec trois réponses ;
cinq au prince Joachim, électeur de Brandebourg,
avec trois réponses ; cinq à Richmode de Hœrst,
abbesse de Saint-Sébastien, et deux réponses ;
quatre à l'évêque Théodore, dont une sur la vie
d'Apollonius de Thyanes, dont il nie les miracles,
trois réponses ; puis des lettres au prieur du couvent de Spanheim, au frère Nicolas Remi, au
frère Jean Nutius, au docteur Beiselius, à Jacques
Kymolanus, à Mathieu Herbenus, à Gelacus de
Breitbach, à Jacques de Maseck, à Jean Grypo-
sius, ou mathématicien Jean Capellerius, à Jean
Bachtius, à Jean Cautherius, à Germain de Ganay,
avec une réponse, à Wolfgane Hopilius, à Liba-
nius, à Charles Bouelle, à Hermann Baschius,
poète lauréat du gymnase de Leipzig, à l'abbé
Conrad, au pape Jules II, à Georges Sybutus, à
Jacques Wimpflingen, à Henri de Burffelden, abbé,
au prince Frédéric de Saxe, à Elisabeth de Long-
wy, sa mère, à l'archevêque de Cologne, à Frédéric de Redewitz, à Jean de Vuœsbruck, à Conrad, poète lauréat de Vienne, à Bilibaldus Pircke-
heimeir, à Guillaume Veldigne, à Christian Massee,
à Eberard Senfft.

II⁰ PARTIE

25 OUVRAGES EN 38 ÉDITIONS

Recueil du jésuite Busée et son supplément

Johannis Trithemii Spanheimensis primum
deinde. d. iacobi in suburbano herbipolensi, abbatis eruditissimi, opera pia et
spiritualia, quotquot vel olim typis expressa
vel m.ss. reperiri potuerunt a. r. p. ioanne
Busæo, societatis Jesu Theologo in omnium
religiosæ vitæ cultorum gratrum diligenti
studio conquista et in unum volumen,
mendis expurgatis, redacta quorum omnium elenchum proxima pagina exhibebit.
Cum grata et privilegio Cæsaræ Maiestatis, Moguntiæ ex typographeo ioan.
Albini anno Dom. MDCV. 1605.

1226 pages. Bibl. nat. Invent. D. 759.

Busée était un jésuite né à Nimègue, en 1547.
Son recueil est précédé d'un sommaire, d'une
lettre de Busée à Jean Guichard, archevêque de
Mayence, d'un aperçu sur la vie de Trithême,
extrait de sa chronique de Spanheim, et d'une
épigraphe de Trithême.

Il comprend dix-neuf ouvrages dont voici les
titres :

1° Compendium breve fundationis et reformationis monasterii. S. Jacobi ordinis, S. Benedicti in suburbio herbipolensi. Auctore Johanne Trithemio.

F° 5, occupe 13 pages.

2° Joannis Trithemii Abbatis, Spanheimensis de viris illustribus ordinis, S. Benedicti Libri quatuor.

Précédés d'une préface, occupent 133 pages. Baillet prétend que cet ouvrage est rempli d'inexactitudes. Il y avait eu une impression antérieure.

Cologne, 1575, 4°.

Bibl. nat. Inv. H. 2192.

On trouve d'abord dans cette édition les commentaires sur la règle de saint Benoît, par le cardinal Jean de Turris et par l'abbé Smaragdus. Le *De Viris* de Trithème ne commence qu'au f° 427 et finit au f° 615. Il est ainsi daté : Coloniæ Agrippinæ apud gervinum catenium et hæredes quentelios. Anno MDLXXV.

3° Joannis trithemii abbatis Spanheimensis commentarius in S. benedicti regulam Libri duobus.

Cette œuvre de 258 pages in-f°, précédée d'un prologue, et fort importante a été omise par Michaud dans l'article Trithème.

4° Johannis Trithemii abbatis Spanheimensis sermonum, vel exhortationum ad monachos libri duo.

Ces deux livres de sermons furent composés en 1486, à l'âge de 24 ans. La première édition est la suivante :

Strasbourg 1486, f°.

Bib. nat. réserve D. 2674.

Michaud a nié l'existence de cette édition. Il croyait avec Freytag (Annal. 1011-1015) que les sermons n'avaient été imprimés qu'en 1516, ce qui n'est la date d'aucune édition.

Voici le titre exact de celle-ci : Sermones et exhortationes ad monachos. 74 feuilles, soit 148 pages. A la dernière : Impressi sunt hi duo libri Argentine per Joannē Knoblouch Calchographum. Impēsis Joannis Haselbergers de augia constantiensis diocesis.

Il y a des rééditions :

Anvers, 8° 1574

Florence, 4° 1577.

Milan, 4° 1644.

On les retrouve encore au tome 4, pages 282-294 des

Amœnitates literariæ de Schelhorn.

Francfort, 1730-31, 4°.

Voici les sujets de ces sermons.

Premier livre, 119 pages.

Sermo I. De militia spirituali monachorum ;
— II. De profectu militiæ spiritualis ;
— III. Quæ fit armatura militiæ spiritualis ;
— IV. De lectione et studio S. Scriptura-
rum ;
— V. De quotidiana renovatione sancti pro-
positi ;
— VI. De amore quietis et solitudinis ;
— VII. De labore monachorum manuali ;
— VIII. Quod sine intermissionne sit oran-
dum ;
— IX. De custodia et origine cogitationum ;
— X. De quotidiano certamine tentationis ;
— XI. De fugiendo pravorum consortio
— XII. De monachiis in viam directis ;
— XIII. De quotidiana peccatorum expia-
tione ;
— XIV. De vera pœnitentia monachorum ;
— XV. De abstinentia et jejunio monacho-
rum ;
— XVI. De quadragesimali ieiunio mona-
chorum ;
— XVII. De somno et vigilia monachorum ;
— XVIII. De patientia et mansuetudine ;
— XIX. De obedientia vera monachorum ;
— XX. De vera humilitate monachorum ;
— XXI. De continentia et vera castitate ;
— XXII. De fraterna caritate monachorum ;
— XXIII. De caritate hominis in Deum ;

Sermo XXIV. De serenitate conscientiæ ;
— XXV. De continua præparatione ad mortem.

Deuxième livre, 36 pages

Sermo I. Quod caute fit monachis vivendum ;
— II. Quod sit ordinatio vitæ monasticæ bona ;
— III. Quæ sint veræ humilitatis indicia ;
— IV. De ardua via, quæ ducit ad vitam ;
— V. Quemadmodum sit fugendum peccatum ;
— VI. De cognitione gratiæ spiritualis ;
— De novem ascensionis gradibus.

5° Johannis Trithemii abbatis Spanheimensis de triplici regione claustralium et spirituali exercitio monachorum, liber in duas partes distributus.

De la page 562 à la page 661. Ce traité mystique avait eu une précédente édition.

Mayence, 1498, 4°.

Bib. nat. Réserve D. 8252.

Elle est intitulée : Liber de triplici regione claustralium et spirituali exercicio monachorum omnibus religiosis non minus utilis q̄z necessarius. Les pages ne sont pas numérotées. A la fin : Finis adest exercij spiritualis claustraliū per Petrū Friedbergensem in nobili urbe Moguntina Octavo

Idus Augusta MCCCCVCVIIJ. Après ce finis se trouve un petit resumé : Incipit spiritualis exercicij compendium ioannes tritemiis.

6° Johannis Trithemii Spanheimensis abbatis de religiosorum tentationibus.

Libri duo. Pages 661 à 722.

7° Johannis Trithemii de vitio proprietatis monachorum liber.

En dix chapitres. Pages 725 à 740, suivi d'un poème latin. Il y avait eu une édition précédente.

Mayence, 1495, 4°.

De proprietate monachorum (à la fin) : Impressum in nobile civitate Moguntina per Petrū Freidbergensem. Anno millesimo q̄ dringentesimo nonagesimo quĩto.

8° De Laude scriptorum manualium.

16 chapitres, pages 741 à 764. Edition antérieure :

Mayence, 1494, 4°.

intitulée : De laude scripto ♃ pulcherrimus tractatus (à la fin) finis imponitur p Petrū Friedbergeñ impressorem Moguntinū MCCCC y ciiij.

9° Institutio vitæ sacerdotalis ad nicolaum presbyterem mernicensem.

7 chapitres de la page 765 à 785. Nombreuses éditions, dont les suivantes :

sans lieu ni date, 4°. (Mayence, 1494).

Bibl. nat Réserve, D. 10.316. Intitulé : Institutio vite sacerdotalis dni Johannis tritemij abbatis spanheemensis ordinis divi patris benedicti mogūtine dioces[9] ad nicolaum presbyterum mernicensem Treverensis dioces. Dans un avertissement on trouve la date 1494. Cette édition fut reproduite :

S. l. n. d. 4°.

(Mogunt. Petr. Friedberg).

S. l. n. d. 4°.

(Arg. Vund. Joh. Froschouer).

Brixianæ, 1577, in-12,

par Donatus Faetius, préfet du gymnase.

sous le titre de : De sacerdotum vita instituenda libellus.

10° Liber de vanitate et miseria humanæ vitæ

en 10 chapitres. Pages 784 à 806.

Impression précédente ;

Mayence, 1495, 4°.

Bibl. nat., réserve, D. 10314, sous le titre : De vanitate et miseria humanæ vitæ. (à la fin) Impressum in nobili civitate moguntina p Petrū Friedbergensem. Anno Virginei partus millesimo qdringentesimo nonagesimo quīto.

11° Liber lugubris de statu et ruina monastici ordinis.

11 chapitres, pages 806 à 859. Edition antérieure :

S. l. n. d. 4°. (Mayence, 1493).

Bibl. nat. Réserve H. 625, intitulée : Johannis
de trittenhem abbatis spanheimensis ordinis
sancti benedicti de observātia burszfeldensis liber
lugubris de statu et ruina monastici ordinis, omnibus religiosis ac devotis viris minus utilis qz io-
cūdus. Reproduit :

S. l. n. d. 4° (Mayence, Pet. Friedb. 1493).

S. l. n. d. 4° (Mayence, Pet. Friedb. 1493).

Dans aucune de ces éditions on ne trouve le titre
grec : Πενθικός que donne Michaud. Dans l'édition de Busée on voit au sommaire : Liber Penthi-
cus, en latin. Le titre grec doit donc se trouver
dans l'édition jointe aux sermons dans l'édition de

Florence 1577, 4°.

déjà citée et que je n'ai pu consulter.

**Johannis Trithemii abbatis Spanhei-
mensis epistolarum liber unus,**

Ces lettres au nombre de 36 (et non 35 comme
le dit la table qui y est jointe) se trouvent page 916
à 965. Il ne faut pas les confondre comme l'a fait
Michaud avec les lettres publiées à la fin du recueil de Marquard Freher et reproduites à Hague-
nau 1536. Celles-ci sont toutes différentes.

Liber de visitatione monachorum.

Pages 965 à 1002.

14° Modus et forma celebrandi capitulum provinciale patrum ordinis sancti benedicti moguntiæ provinciæ.

Pages 1005 à 1026.

15° Constitutiones provincialium capitulorum ordinis sancti Benedicti per provinciam moguntinam et diœcesim Bambergensem.

Pages 1026 à 1074.

16° De miraculis Beatiss. Mariæ semper virginis in Ecclesia nova prope Dittelbach in arena nuper in eius honorem constructa factis, 1075.

En deux livres, pages 1074 à 1188.

17° Ad invocationem B. Mariæ virginis in urticeto iuxta heilbrunnam factis.

Pages 1189 à 1215.

18° Orationes vel declamationes in anno conventu abbatum ordinis. D. benedicti reformationes bursfeldensis habitæ.

En 8 chapitres. Pages 840 à 915.

19° Secunda pars principalis opusculi triplicis regionis claustralium, quæ continet modum et formam quotidiani exercitii monachorum.

Après avoir publié cette collection de 19 ouvrages, Busée s'aperçut qu'il en avait omis plusieurs ; il publia donc un supplément qu'il nomma Paralipomènes.

Mayence, 1605, 8°.
Bibl. nat. Invent. C. 5354.

Paralipomena opusculorum Petri Blesensis et ioannis trithem, ahorumque nuper in typographeo moguntino editorum a Joanne Busœo societatis Jesu theologo quorum catalogum proxima pagina exhibet.
Ex typographeo Balthasaris Lippij. volume de 860 pages. Comme on le voit par le titre, il renferme des œuvres de Pierre de Blois, qui occupent 272 pages. Il contient aussi des œuvres d'Hincmar. Busée réédita cet ouvrage :

Cologne, 1624, 8°.
Bibl. nat. Invent. C. 5762. Cette réimpression est en tous points semblable, même quant au nombre de pages. Elle est signée : Coloniæ Aggrippinæ apud ioannem Wueffraht, sub signo Cervi Prope Gymnasium Laurentianorum.
Ce volume contient six ouvrages dont voici les titres :

1° **Antipalus maleficiorum comprehensis quatuor libris.**
De la page 274 à 454.

Cet ouvrage est précédé d'une lettre de Trithême à Joachim, électeur de Brandebourg. Il traite de toutes les sortes de divinations au premier livre ; il y résume les clavicules de Salomon, les œuvres de Picatrix, d'Arnaud de Villeneuve, de Geber. Il donne au livre III, chapitre Ier, la composition d'un bain pour se préserver des maléfices, avec la secrète et la postcommunion d'une messe et diverses oraisons qu'il faut réciter en même temps. Au livre IV, question IV, il donne un mode d'exorciser un homme qu'un maléfice a rendu inapte à l'acte de la chair.

Cet ouvrage avait été édité à

Ingolstadt, 1555, 4°.

2° Liber octo quæstionum quas illi dissoluendas proposuit Maximilianus Cæsar.

Cet ouvrage, connu aussi sous le nom de *Curiositas regia* avait eu auparavant les éditions suivantes :

Oppenheim, 1511.

Oppenheim, 1515.

impensis Jo. Haselbergen, de Augia Const. dioces. XX sept. 4°.

Spire, 1522, f°.

Cologne, 1533.

Cologne, 1534, 8°.

imp. Melch. novesiani (nuncqz primum typis impressum).

Francfort, 1550, 8°.

Bibl. nat. Z. 12 905, impressum francoforti per cyriacum iacobum. 152 pages.

Mayence, 1601, 8°.

Cologne, 1603, in-12.

Voici les huit questions dont il traite :

1° De fide et intellectu.

2° De fide necessaria ad salutem.

3° De miraculis infidelium.

4° De Scriptura Sacra.

5° De reprobis atqz maleficis.

6° De potestate maleficorum.

7° De permissione divina.

8° De providentia Dei.

3° De laudibus ordinis fratrum carmelitarum Libri duo.

Autres éditions :

Mayence s. d. (1492.) 4°.

De laudibus ordinis fratrū carmelitarū Libri duo. (A la fin.) Impressum maguntiae (per Petrum Friedberg).

Florence, 1593, 4°.

Mayence, 1494, 4°.

(D'après Pauzer.)

Cologne, 1643, 8°.

Cet ouvrage se termine par une pièce de vers latins.

4° De laudibus sanctissime matris Anne.

16 chapitres de la page 619 à 701. A la fin on y trouve des proses en l'honneur de sainte Anne et des poèmes saphiques. Autres éditions :

Leipzig, s. d. 4°.

De laudibus sanctissime matris Anne tractat ». (A la fin). Impressum Leptzk, per Melchior Lotter.

Mayence, 1494, 4°.

Bibl. nat., réserve H., 1550.

In nobili civitate Maguntina p Petrū Friedbergensen m cccc vc iiij vij Kalendas Augusti. Reproduit :

Mayence, 1494, 4°.

vij Kalendas augusti.

Mayence, 1497, 4°.

5° Cursus de S. Anna matre beatissima virginis Mariæ a ioanne Trithemio editus et a Raymundo cardinale redis apostolicæ legato confirmatus.

Cet office de sainte Anne est suivi de pièces et oraisons à plusieurs saints. Pages 702 à 776.

6° Index græcorum voluminum Joannis trithemii abbatis Spanheimensis.

7 pages.

Dans ce catalogue des livres grecs de Spanheim on remarque les vers dorés de Pythagore, les tables d'astronomie de la Perse, les vies de Philostrate, la grammaire de Moschopulos et les Pères de l'Eglise.

IIIᵉ PARTIE

20 OUVRAGES, 42 ÉDITIONS

Œuvres publiées séparément.

1° Philosophia naturalis, de géomantia.

Strasbourg, 1509, 8°.

1609 suivant Hœfer.

2° De spagirico artificio io. Trithemii sententia.

Se trouve au tome I. du Theatrum chemicum, page 588, dans le Liber de naturæ luce Physica ex genesi de sumpta, par Gerard Dorneus.

Argentorati, 8°, 1613.

Bibl. nat. R. 52. 277.

3° De lapide philosophico.

Se trouve également dans le Theatrum chemicum, tome IV.

Argentorati, 8°, 1613.

Bibl. nat. R. 52.273, où il occupe deux pages et demie.

Ce même traité avait été réuni à des extraits de Georges Ripley : Axiomata philosophorum.

1595, s. l.

et imprimé à part en

1611, 8°.

On le trouve aussi dans un recueil intitulé : Pisces Zodiaci inferioris vel de solutione philosophica.

Lepsiae, 1609, 8°.

Bibl. nat., R. 49.552.

Dans la seconde partie de ce traité où l'on trouve aussi le miroir d'alchimie de Roger Bacon, l'ouvrage de Trithême occupe 19 pages, sous ce titre : Chemicus nobilis Joannis Trithemii abbatis Spanheimensis seculo nostro inter Philosophos facile principis.

Enfin Vossius en possédait un manuscrit en langue allemande.

4° Vita B. Rabani Mauri archiep. Moguntum.

au tome III de la collection des Acta Sanctorum des Bollandistes, IV février, page 522, en trois livres, 16 pages.

Anvers, 1658.

Bibl. nat., salle publique, casier E, 617-3.

5° Vita S. Maximi episc. moguntini

dans les Acta Sanctorum de Surius, 18 novembre, feuille 129.

6º Oratio in laudem Ruperti,

En tête des œuvres de ce théologien. Editions :

1638.

1754.

7º De cura pastorali.

Oratio habita in selgenstat in provinciali capitulo (à la fin.) Anno dom. MCCCCXCVI prima die mensis maj. Impressa maguncie per Petrum de Friedbergk.

Mayence, 1496, 4º.

Reproduit :

Landesh. Weyssemburger, s. d., 4º.

avec figures sur bois.

8º Collatio de republica eccte et monachorū ordinis divi patris benedicti habita colonie in caplo annali p re... p. d. iohannem abbatem spanhemeñ prima die mensis septembris.

S. l. 1494, 4º.

(Mayence, Petrus Friedberg). Bibl. nat. Réserve H. 1546. reproduit :

S. l. n. d. 4º.

(Mayence, Petrus Friedberg).

9º De operatione divi amoris oratio...

habita erphordie in caplo annali vj kalendas semptembris anno redemptionis nostre ᴍ ᴄᴄᴄᴄ ᴠᴄ ᴠɪj.

S. l., 1497, 4°.

(Mayence, Petrus Friedberg).

10° Oratio de vera conversione mentis ad Deum

.·. habita in capitulo annali erffordie apud sanctum Petrum anno Dni M. D. penultima die mensis Augusti.

S. l., 1500, 4°.

11° Oratio de duodecim excidiis observantiæ regularis.

Sans date, 4°.

12° De purissima et immaculata ꝯceptione virginis mariæ.

S. l. n. d. (1499), 4°.

Autre édition :

Argentine, 1496, 4°.

Matth. Hupfuff.

Autre édition :

Argentine, 1506, 4°.

intitulée : De Immaculata conceptione epistola.

13° Tractatus divisus in sex deci capitula cōtinens causas propter quas supiores est creditur qui presunt reipublicæ christianitatis tam in

Spiritualib⁹ qz in temporalib⁹ r pplus illis subjectus guerris r diversis alijs tribulationib⁹ plus

solito affligunt. Et q. victoria in bello *r* prosperi-
tas psidentiū : *r* populi xp̄iam : *r* obedientia sub-
jectorū ad superiores a solo deo principaliter est
expectāda *r* alia laude digna.

S. l. n. d., 4º.

**14º Veterum sophorum sigilla et ima-
gines magicæ, sive sculpturæ lapidum et germanum secundum nomen
Dei Tetragrammaton cum signatura
Planetarum, e isa trithemii manus-
cripto erute Prodeunt anno repara-
tæ salutis MDCXII.**

1612, s. d. Bibl. nat. R. 52. 852.

L'auteur y indique un grand nombre de figures
magiques, suivant les traditions de Zoroastre, Salomon, Raphaël, Hermès et Theletès.. Ce livre
avait été imprimé en

1502, Pesaro, 4º.

dans le speculum Lapidum de Camille Leonard.

**15º Nepiachus id est Libellus de studiis
et scuptis propriis a pueritia repe-
titis.**

Cet ouvrage où il raconte lui-même sa vie et
où il donne encore un catalogue de ses œuvres,
se trouve dans le Corpus Historium medii ævi de
Georgio Eccard.

Lipsiac, 1723 fº.

Bibl. nat. Inv. M. 514 apud io. frid. Gleditschü, tome II, page 1826. Il occupe six pages.

16° Polygraphiæ, libri sex, ioannis trithemii abbatis peapolitani, quondam spanheimensis ad maximilianum cæsarem.

Oppenheim, 1518, f° gothique.

Bibl. nat. Réserve V. 706.

Joannis Haselberg de Aia, bibliopolæ, anno a Christo nato. MDXVIII. A ce volume se trouve adjoint un second intitulé Clavis Polygraphiæ.

Ce livre a eu de nombreuses rééditions mais il n'en est pas une qui n'ait subi quelque transformation ou quelque addition :

Francfort, 1550, 4°.

Cologne, 1564, 8°.

Cologne, 1571, 8°.

Strasbourg, 1600.

Strasbourg, 1613, 8°.

Zetzner.

Puis sous le titre de Steganographia.

Darmstadt, 1621, 4°.

Et encore Steganographiæ nec non Claviculæ Salomonis.

Coloniæ Agrippinæ, 1635, 4°.

Bibl. nat. Invent. R. 8698.

Autre exemplaire. Invent. V. 17.777. Ce dernier provient de l'abbaye Saint-Germain-des-Prés et porte des traces de l'incendie.

Cette édition commence après 44 pages d'introduction, avec le titre de : stenographia ars per obcultam scripturam mentis arcana absentibus. summa fidelitate manifestandi certa. Il renferme une figure tournante portant le titre : Directi alphabeti commutationes steganographiæ.

Cologne, 1637, 4°.

Sous le titre : stenographia transhumana. Puis elle fut refondue sous le titre de : Johannis Trithemii primo spanheimensis deinde divi Jacobi peapolitani abbatis steganographia vindicata reserata e illustr. a Welfg. E. Heidel, Wormatiense.

Moguntiæ, 1676, 4°.

Bibl. nat. V. 17.778 sumptibus Joanni Patri zubrodt. 399 pages. Contient une vie de Trithème assez étendue.

Cet ouvrage fut réimprimé chez Rudiger.

Nuremberg, 1721, 4°.

Il en existe une traduction française sous le nom de Polygraphie et universelle escriture caballistique de M. I. Trithemius, abbé, avec les tables et figures concernants l'essaict et l'intelligence de l'occulte escriture, utile, convenable et nécessaire principalement aux Roys, Princes, Comtes, Républiques, et tous amateurs de la subtilité, industrie et rareté traduite par Gabriel de

Collange, natif de Tours en Auvergne, chez Jacques Kerver.

Paris, 1625, 4°.

Bibl. nat. invent. V. 17.774. Cet ouvrage contient douze figures tournantes en forme de roues ; il est parsemé d'énormes caractères hébraïques.

Il ne faut pas oublier que Dominique de Hottinga, Frison, eut l'audace de s'approprier cet ouvrage et cette traduction et de les faire paraître sous son nom, avec le titre de Polygraphie et universelle écriture cabalistique contenant cinq livres avec les tables et les figures concernant l'effet et l'intelligence de l'occulte écriture.

Il y en eut deux éditions :

1620, 4°.

Emden et

1621, Groningue,

d'après le catalogue de Crevenna.

On peut encore ajouter à cette liste :

17° Vie de Sainte Hirmine, fille de Dagobert.

18° Questions sur le psautier.

19° 20 livres de questions naturelles.

20° Et un supplément à la stéganographie.

OUVRAGES A CONSULTER

POUR LES DÉTAILS SUR LA VIE OU L'OEUVRE
DE TRITHÊME.

Brunet. Man. du libraire.
  Graesse. Trésor des liv. rares.

Michaud et Hœfer.
  Art. Trithemius.

Fabricius.
  Bibl. lat. med. et inf. ætatis, qui donne un catalogue des œuvres de Trithême.

Wharton.
  Appendix ad histor. litter.

Meissner.
  Jour. f. ält. Litter. u. neuere Lect. II. Jahrg r.
quart. II. H. p. 34 sq III. quart. I. H. p. 34 sq II.
H. p. 75 sq. cf. Bönike Gesch. d. Univ. Würz-
burg. tome I. p. 33. sq.

Daunou.
  Cours d'études historiques.

Bouelles.
  Lettres à Germain de Ganay, dans les Bovilli.
Opuscula. Paris, 1610.

Possevino.
  Apparatus sacerdot.

Vogel.
  Serapeum, tome XV, p. 272.

Ruland.

Serapeum, tome TVI, p. 268.

Horn. Fr. Ph.

Biographie de Trithême, Wurzbourg, 1843.

Tross.

Catalogue.

Pauzer.

Catalogue.

Hain.

Bibliographie.

Niceron.

Mémoires pour servir à l'histoire des hommes illustres. Tome XXXVIII, pages 210 à 253.

Bibl. nat. G. 27.153, tome 40, page 293. G. 27.155.

PRÉFACE DU TRADUCTEUR

PRÉFACE DU TRADUCTEUR

Avant de présenter au public une traduction française de l'ouvrage de l'abbé Trithême, intitulé « De septem Secondeis », nous avons longtemps hésité. Ce petit livre renferme effectivement, sous son aspect simple et modeste, de grands mystères, que l'auteur prit le plus grand soin d'envelopper successivement dans un latin entièrement hiéroglyphique et qabbalistique, impénétrable aux regards des profanes, et dont la traduction dans toute autre langue moderne ne donne qu'une image incomplète et extérieure.

C'est pourquoi, afin de remédier à cette imperfection, et dans le but d'aplanir partiellement la difficulté, nous nous sommes décidés à soulever un petit coin du voile, autant qu'il est permis de le faire, et à donner, ici même, quelques brèves mais précises indications, qui seront, croyons-nous, utiles aux chercheurs consciencieux, lettre morte pour les curieux et les désœuvrés.

La terminologie occulte, lorsqu'il s'agit des planètes, semble employer indifféremment les dénominations d'Esprit, d'Ange, ou de Génie. Dans les ouvrages écrits par de véritables initiés, et nous ne parlons pas des autres, il n'en est rien, à moins que cela ne soit fait ainsi, afin de dérouter les investigations indiscrètes et vaines.

Ces trois termes d'Esprit, d'Ange et de Génie, quoiqu'ayant entre eux une parenté, une connexion étroite, expriment néanmoins des choses bien distinctes. Nous allons tâcher de donner une définition de chacun

d'eux, autant, toutefois, que l'on peut défi-
nir un principe :

L'Esprit d'une Planète est la faculté supérieure créatrice et consciente de l'Etre de
cette Planète, se limitant dans un nombre
déterminé d'individus appartenant à la race
dominante , nombre variant sur chaque Planète ou plan de vie, ainsi que cela est expliqué dans la Magie d'Arbatel. C'est en parlant
d'eux que le chantre d'Axël déclare « que
leur nombre depuis les temps est le même
nombre : mais ils forment un seul ESPRIT ; »
Apollonius de Tyane dit « qu'ils habitent sur
la terre et n'y habitent pas, qu'ils ont une cita-
delle sans murailles et ne possèdent rien que
ce que possède tout le monde » (1).

L'Ange d'une Planète, c'est l'entité collec-
tive des pensées de l'Esprit de la Planète.
Doués d'une double vie, propre en même
temps que relative (ce qui a fait dire que

(1) On pourra méditer utilement à ce sujet « *la Nuée
sur le Sanctuaire* », d'Eckarthausen.

6

les Anges sont androgynes), les Anges planétaires obéissent, étant passifs, à la volonté de l'Esprit que les créa; actifs, ils agissent les uns sur les autres, s'unissent, luttent, et font sentir leur influence aux Esprits, même à celui qui les engendra. Ce n'est pas ici le lieu de révéler leur création et leur génération, mystères qui appartiennent à l'Angélologie proprement dite.

Le Génie d'une Planète est la faculté intuitive et réceptive par laquelle les Esprits puisent directement les Idées dans le sein de l'Absolu, et se les assimilent pour les transformer, en vertu de leur puissance créatrice, en Pensées ou Anges.

Nous appelons maintenant tout spécialement l'attention du lecteur sur ce qui suit :

Il existe, comme le savent tous les occultistes, sept Planètes se mouvant dans leurs orbites, suivant des lois déterminées, qu'on peut aisément calculer d'après le mouvement des planètes visibles qui ne sont que la limi-

tation, le symbole, c'est-à-dire la représenta-
tion concrète de ces ASTRES splendides. Ces
mouvements dans le ciel produisent des
cycles pendant lesquels telle ou telle Planète
devient dominatrice. La durée de ces cycles
est fixe pour les uns, variable pour les autres,
selon l'ordre dans lequel se trouvent les Planètes. Ainsi, l'âme dans son cycle descendant,
traverse successivement Saturne, Jupiter,
Mars, le Soleil, Vénus, Mercure et la Lune ;
tandis que parcourt l'ordre inverse pour
retourner dans sa glorieuse patrie. Dans
la semaine, l'ordre des Planètes est tout
autre.

Pour l'homme individuel comme pour les
nations, qui sont des individus par rapport
à la race qui les engendre et les contient,
l'existence est plus ou moins longue, suivant
les conditions extérieures, correspondantes à
leur virtualité interne, dans lesquelles les
uns et les autres sont venus au monde. Il
s'ensuit de là que les périodes astrales qui se

déroulent au cours de leur carrière, diffèrent
de longueur chez les uns et chez les autres.
L'enfant qui meurt à l'âge de sept ans,
l'homme qui périt dans la force de l'âge
dans la cinquantième année de son existence, et le vieillard qui termine sa carrière
après avoir vu quatre-vingts révolutions
terrestres, subissent chacun dans une mesure
de temps différente, l'influence successive
des sept principes recteurs ; bien que le premier périsse sous le régime de la première
planète, un sous-cycle complet relatif s'est
déroulé pour lui.

Prenant pour exemple, parmi les nations
secondaires occidentales nées de la race
blanche, la France dont le développement a
suivi jusqu'ici, depuis six siècles, c'est-à-
dire, depuis 1304, une marche plus réguliè-
rement ascendante et progressive que la plupart des autres petits royaumes qui périrent
dans les affres d'une agonie prématurée, nous
pourrons constater la loi ci-dessus énoncée.

Quand la première France fondée par Mé-
rovée, et agrandie par Clovis, se fut effon-
drée par la division à l'extrême du territoire
entre les mains des leudes, le germe de sa
résurrection fut représenté par Hugues Ca-
pet. La longue période de dissolution, qu'on
nomme les temps féodaux, aux cours des-
quels la royauté, comme le fœtus dans le
placenta, s'élaborait lentement, ne prit fin
qu'en 1304, par l'établissement des États gé-
néraux. Alors commença le règne de Sa-
turne (b) qui eut son apogée sous Louis XI,
qui fut, pour ainsi dire, l'incarnation vi-
vante de cette planète. Toujours vêtu d'é-
toffes sombres, ce prince, au profil parfaite-
ment saturnien, aux cheveux plats et noirs,
avait une sainte vénération pour les figu-
rines de saints ciselées dans le plomb, qu'il
portait sans cesse sur lui.
Jupiter (♃) vint ensuite, se manifestant
vers les dernières années de son règne, dans
toute sa grandeur en la personne de Louis

le Grand, improprement surnommé le Roi-Soleil.

Puis Mars (♂) amène les sanglantes hor-reurs de quatre-vingt-treize. Napoléon in-carne cet Esprit dans toute sa puissance, et, avec ses bayonnettes et ses sabres d'acier, au son de ses canons. il couvre l'Europe entière de sang. Nos fantassins, encore aujourd'hui, sont les seuls soldats d'Europe dont le panta-lon rouge révèle la nature ignée et martienne. Enfin les colossales constructions de fer, me-naçantes et hideuses, s'élèvent sur tous les points de la France, comme un défi au monde. Mais voici que sous l'influence du puissant Michaël, « un jeune homme aux cheveux dorés, hier inconnu, demain son nom sera dans toutes les bouches, sort de la Bretagne française, ramène en France la paix féconde et bienfaisante. » Telle est, du moins, une vieille prophétie à peu près ignorée.

Muni de ces données, le lecteur entrepren-dra plus facilemeut l'étude du Traité des

Causes secondes, qui, ainsi que nous l'avons dit, est écrit hiéroglyphiquement et qabbalistiquement, c'est-à-dire, qu'à l'instar de la Vulgate de saint Jérôme et d'un petit nombre d'autres traités hermétiques, chaque mot — dans le texte latin, bien entendu — chaque ligne, chaque lettre se lit suivant une clef qui se trouve exposée dans deux autres ouvrages de ce même Trithême : la Stéganographie et la Polygraphie. Mais encore faut-il la trouver, ce que nous laisserons au soin du judicieux lecteur.

JEAN TRITHÊME
Abbé de Spanheim

TRAITÉ

DES

SEPT CAUSES SECONDES

c'est- à—dire

DES INTELLIGENCES, OU ESPRITS,

PETIT LIVRE
DE LA SCIENCE ET DE LA CONNAISSANCE TRÈS SECRÈTE

DES

CAUSES SECONDES OU INTELLIGENCES

RÉGISSANT LE MONDE APRÈS DIEU

DÉDIÉ

A L'AUGUSTE ET PIEUX MAXIMILIEN PREMIER

PAR LA GRACE DE DIEU EMPEREUR ET CÉSAR

(Traduit sur le texte de l'exemplaire
imprimé à Franckfort, chez Jacob Cy-
riaque, l'an 1545.)

TRAITÉ
DES INTELLIGENCES CÉLESTES

QUI RÉGISSENT LE MONDE APRÈS DIEU

Très-Sage César, ce monde inférieur, créé et organisé par une Intelligence Première, qui est Dieu, est gouverné par des Intelligences Secondes, opinion partagée par celui qui nous a transmis la science des Mages, lorsqu'il dit que sept Esprits furent, dès l'origine des cieux et de la terre, préposés aux sept Planètes (1).

(1) Ce petit traité est divisé en trois septaines, soit en tout vingt et une périodes, sur lesquelles Trithême n'en décrit que vingt, correspondant aux vingt premières lames du TAROT, aux vingt premières lettres de l'alphabet hébreu. Il est construit comme plusieurs autres ouvrages analogues, tels que l'**Évangile** de Saint-Jean et

Chacun de ces Esprits régit, à tour de rôle, l'univers pendant une période de 354 ans et 4 mois. Maints savants docteurs ont, jusqu'à présent, donné leur assentiment à cette assertion, que je ne garantis pas, mais que je soumets seulement à Votre Très Sainte Majesté.

Le premier Ange ou Esprit, celui de Saturne, se nomme **Orifiel** (1). Dès l'origine de la créa-

son **Apocalypse**, et tels aussi que le **Tableau naturel** de Louis-Claude de Saint-Martin, la **Lumière sur le Sentier**, etc., ce qui fait qu'on ne doit pas lui attribuer uniquement un sens temporel, mais encore un sens spirituel. Le Septénaire étant, comme le déclare fort justement un qabbaliste moderne, « **la double conscience que l'être prend de la forme** (מה) **et de la vie** (מי) » — qui sont, suivant le langage de la mystique chrétienne, la Chair et le Sang même du Démiurge Jésus-Christ — le triple septénaire du « Traité des Causes secondes » décrit l'évolution de la conscience à travers les trois mondes. C'est donc à la fois un traité d'Hermétisme et d'Astrologie, sciences qui ne sont, après tout, que deux des six faces de la Science unique, différenciées seulement, et pour l'adaptation, par la terminologie et la méthode d'exposition.

(1) **Orifiel**, en hébreu עריפי-אל signifie. **Cieux ou**

tion, Dieu lui confia le gouvernement du monde. Son règne commença le quinzième jour du mois de Mars de la première année du monde (1), pour durer 354 ans et 4 mois. Or, —ce nom d'**Orifiel** (2) lui fut donné en raison de

Nuée de Dieu. Le nom qui correspond à la nature de Saturne, c'est **Shabathiel**, en hébreu שבתי־אל directement dérivé du nom de la Planète שבתי et qui veut dire **Repos de Dieu.** A un autre point de vue, on lui a donné aussi le nom de **Kassiel**, en hébreu כסי־אל qui signifie **Trône de Dieu** ; et encore plusieurs autres noms.

(1) C'est le jour de l'Equinoxe de Printemps, au moment où le Soleil entre dans la Constellation du Bélier ; Trithème dit : le quinzième jour du mois de Mars, parce que la Lune, qui préside aux mois, ne fut créée que le quatrième jour, suivant le récit allégorique de Moïse. (Genèse, I., 16.) D'après une autre tradition, qui considère alors l'ordre temporel, les cinq jours de différence avec la date actuelle du 20 Mars, seraient les cinq épagomènes. Chaque race humaine aurait une évolution de vingt cinq mille neuf cent-vingt ans, plus **un jour,** celui du renversement des pôles.

(2) C'est cet Esprit de Dieu — Rûa'h Ælohim — qui présidait au chaos, dans le 2º vs. du Ch. Iᵉʳ de la Genèse : les éléments sont en lutte dans les ténèbres.

son office spirituel et non de sa nature. Sous son règne (1), les hommes étaient grossiers et farouches, rappelant, par leurs mœurs, les bêtes sauvages des solitudes, ce qui n'a pas besoin de démonstration, puisque cela ressort

(1) Cette première période correspond à la première lame du Tarót, nommée **le Bateleur**; ainsi qu'à la première lettre de l'alphabet hébreu, l'**Aleph**, l'**attique**, l'**hypothèse** nécessaire et raisonnable à laquelle se heurte l'esprit humain, quand il cherche à remonter à l'origine des choses; cette lettre représente l'**Infini**, l'**Aïn-soph** des qabbalistes, désigné par Moïse sous le nom de **Thehom**, l'Abîme primordial, la source de tous les possibles; c'est le **Parabrahm** ou **Impersonel** des Hindous; le **Zerwané-A'kéréné** ou **Temps-sans-bornes** de Zoroastre et des Parsis; le **Noir Osiris**, ou Dieu non manifesté des antiques mystères égyptiens; le **Ceugant** des Druides; c'est aussi l'**Un en soi**, le Premier des Alexandrins; le **Bythos** des Gnostiques; l'**Unground** de Bœhme; l'**être pur** de Hégel. C'est, nous dit Éliphas Lévi, « l'Être dans sa conception la plus abstraite et la plus générale ». Des Sept Sciences sacrées correspondant aux sept Principes premiers, l'Alchimie proprement dite, qui étudie l'**esprit dormant dans le plan minéral**, correspond à cette période.

clairement, pour tous, du texte de la Genèse (1).

Le Deuxième Recteur du monde fut Anaël (2),

(1) La Genèse, dans son sens exotérique, déclare, au
contraire, fort explicitement, que nos Premiers Parents
jouissaient d'une grande félicité dans le Gan-Eden. Il
serait utile que le lecteur consultât à ce sujet les premières pages de l'Etat Social de Fabre d'Olivet, qui lui
fourniront d'importantes lumières.

(2) Anaël, en hébreu אנ־אל ou אני־אל, signifie
« Exauce-moi, Seigneur », cri de la monade en délire
d'objectivité, qui équivaut au nom divin, אהיה, **Ehieh**,
qu'on traduit ordinairement par « Je suis », mais qui
signifie exactement « Je serai », pour indiquer la puissance affirmative d'être.

La tradition grecque rapporte que « l'Amour débrouilla
le chaos », et Anaël est l'Ange de l'Amour. C'est aussi le
Prince de la **Lumière Astrale**, créée au premier jour,
lorsque Dieu s'écrie: « Soit Lumière... » Saint-Jean dit
au Chap. Ier de son Évangile: « Et cette Lumière luit
dans les ténèbres ». Anaël préside également au règne
végétal, ce qui fait que la science qui y correspond, c'est
la botanique occulte, la médecine hermétique, qui étudie les secrètes et curatives vertus des plantes et leur
application. Au quinzième et au dix-septième siècles,
l'Entité rectrice de l'Esprit-Humain manifesta un cercle

Esprit de Vénus qui, après Orifiel, commença à émettre son influence stellaire (1), l'an 354 du monde, quatre mois plus tard, c'est-à-dire le 24e jour du mois de Juin (2). Il gouverna

extérieur, connu sous le nom de Frères de la Rose-Croix, qui étudiaient principalement la botanique occulte. Et de nos jours, un centre initiatique, la G. D., prétend dériver de cette fameuse Fraternité.

(1) Ces six mots indiquent le processus de l'action des Principes Recteurs. Leur force va augmentant progressivement du début de leur règne jusqu'au milieu, puis va ensuite en diminuant jusqu'à la fin de leur révolution — ou plutôt cela nous semble ainsi...

(2) Le 24 Juin, c'est le Solstice d'Eté, la Saint-Jean, qui se réfère à la deuxième lame du Tarot, la **Papesse**, qui représente une femme assise, symbole de stabilité, ainsi qu'il est écrit dans la Genèse (I., 9.) : « Que les potentialités éparses en l'immensité convergent vers un lieu unique, et la stabilité paraîtra ». La première lame du Tarot représente un homme debout, la seconde une femme assise, selon les paroles du Zo'har : « Dieu marche pour s'asseoir, et il s'assoit pour marcher encore ». Cette lame correspond à la lettre **Beth**, la deuxième de l'Alphabet hébreu, **qui est le premier nombre**, c'est-à-dire l'Unité manifestée, opposée à l'Unité en soi, qui est l'Aïn-Soph.

l'univers pendant 354 ans et quatre mois, jusqu'en l'an 708 de la création du Monde, ainsi que le démontre le calcul (1). Sous le règne d'Anaël, les hommes commencèrent à devenir moins grossiers ; ils édifièrent des maisons et des villes, inventèrent les arts manuels, s'appliquèrent au tissage et au filage de la laine, ces deux arts jumeaux ; ils se livrèrent aussi aux voluptés de la chair et prirent de belles épouses ; et, oubliant Dieu, ils s'éloignèrent (2) en bien des choses de la simplicité naturelle, inventèrent les jeux et les chants, se mirent à jouer de la cithare, et imaginèrent tout ce qui se rapporte à Vénus et à son culte. Cette vie de

(1) Trithème fait allusion ici d'une manière voilée à la sentence de l'Apocalypse (XIII., 18) : « Que celui qui possède l'Intelligence, calcule... »

(2) Ils s'éloignèrent par voie d'émanation, ainsi que la lumière s'affaiblit en proportion de sa distance du centre qui l'a produite. C'est, sur un autre plan, la transition de la constitution de l'Univers à son évolution, qui en réalité est une involution. C'est, philosophiquement, la rupture de l'Unité, la perte de la notion de Dieu.

débauche ne finit parmi les hommes qu'avec
le déluge, châtiment de leur dépravation. Le
troisième gouverneur, Zachariel (1), Ange de
Jupiter, commença à régir le monde en l'an 708
de la création des cieux et de la terre, le huitième mois, c'est-à-dire le vingt-sixième jour
du mois d'Octobre. Il gouverna l'univers pendant 354 ans et 4 mois jusqu'en l'an du
monde 1060 inclusivement. Sous sa direction,
les hommes commencèrent à usurper à tour de
rôle le pouvoir, à se livrer à la chasse, à dres-
ser des tentes, à orner leur corps de vêtements
variés ; les bons furent séparés des méchants,
les bons invoquant Dieu, comme le fit Enoch,
qui passa à Dieu ; tandis que les méchants se

(1) Zachariel, en hébreu זכרי־אל, c'est-à-dire Souvenir de Dieu, se nomme aussi Zadkiel, en hébreu
צדקי־אל, c'est-à-dire Justice de Dieu, pour nous
faire savoir que l'homme, durant cette période est soumis à une loi rigoureuse à laquelle il ne peut échapper ;
Zachari-el indique que la notion vive de la Divinité se
change, par suite de la dégradation, en une simple
réminiscence.

plongeaient dans les plaisirs de la chair. Sous le règne de Zacharicl, les hommes commencèrent à vivre en société, à se soumettre aux lois imposées par les plus forts, et, s'éloignant de leur barbarie primitive, ils se civilisèrent. C'est sous son règne que mourut Adam, le premier homme, léguant à toute sa postérité l'inévitable mort. Enfin, dans ce temps, se produisirent plusieurs inventions humaines, maints arts curieux, ainsi que le racontent tout au long les historiographes (1).

Le quatrième recteur du monde fut Raphaël (2), Esprit de Mercure, dont le règne commença le 24e jour du mois de février de

(1) Cette période correspond à la troisième lame du Tarot, l'**Impératrice**, et à la lettre **Guimel** de l'alphabet hébraïque, symbole de la **première surface**. Dans la vie physiologique, c'est l'acte d'amour qui unit le Père et la Mère, le troisième côté du triangle qui joint les deux autres.

(2) Raphaël, en hébreu רפ־אל signifie « Dieu guérisseur ». C'est le maître du patriarche Isaac.

[1063]

l'an 1603 (1) de la création de la Terre et des
Cieux, pour durer 354 ans et 4 mois jusqu'en l'an
du Monde 1417, quatre mois plus tard. A cette
époque remonte l'invention de l'écriture : les
lettres furent d'abord imaginées d'après la forme
des arbres et des plantes, pour prendre, par la
suite, une forme plus soignée, que les individus
modifièrent à leur gré (2). Sous le règne de
Raphaël se répandit l'usage des instruments
de musique ; les échanges commerciaux furent
mis en pratique, ainsi que la navigation au
long cours, et quantité d'autres choses aussi
merveilleuses.

(1) Cette quatrième période correspond à la lettre
Daleth de l'alphabet hébraïque, symbole du « **Premier
Etre** », et à la lame du Tarot, qui porte le nom de
« **L'Empereur** », la pierre cubique. C'est aussi la réali-
sation des actes, dirigée par la science de la vérité, l'a-
mour de la justice et la force de la volonté. Dans la vie
humaine, c'est l'émission des fluides séminaux.

(2) Ici se trouve obscurément énoncée la loi de la
perfectibilité des êtres, fatale jusqu'à l'homme, libre ensuite, thèse que Darwin et Hæckel ont simplement rénovée.

Le cinquième régulateur du monde fut Sa-maël (1), Ange de Mars commença à régner le 26e jour du mois de juin de l'an du Monde 1417 (2).

Il gouverna pendant 354 ans et 4 mois, et imprima fortement son influence sur les hommes. C'est aussi sous le règne de Samaël que survint le déluge universel (3), en l'an du

(1) Samaël, en hébreu סמאל, signifie « poison su-périeur ». C'est, raconte la tradition, le génie d'Esaü. D'après la Midrash **Petirath Mosheh,** ce fut lui qui en-leva l'âme de Moïse.

(2) Cette cinquième période correspond à la lettre **Hé** de l'alphabet hébraïque, symbole de « la Femme » et de la vie; et à la lame cinquième du Tarot, « **le Pape** ». Dans la vie humaine, c'est le mouvement propre des fluides séminaux dans la matrice.

(3) Dans un sens non temporel, le déluge consiste dans une sorte de dissolution que subissent les êtres créés, au cours de leur involution, ce qui fait penser à Saint-Martin que le quinaire est un nombre d'une mau-vaise nature. En réalité, philosophiquement parlant, c'est le Léthé supérieur, où les monades, durant leur descente, puisent l'oubli total de la notion divine. Tant que l'individu est soumis aux renaissances et aux réin-

monde 1656, ainsi qu'il ressort clairement du
texte de la Genèse. Il est remarquable que,
chaque fois que Samaël, Génie de Mars, gou-
verne le monde, un changement complet s'ef-
fectue dans quelque grande monarchie, comme
nous le rapportent les Philosophes anciens :
les religions et les castes sont renversées; les
grands et les Princes exilés, les lois changées,
comme on peut le voir aisément dans les historiens. Mais ce n'est pas immédiatement au
début de son règne que se produisent ces changements, mais seulement quand il entre dans
la seconde moitié. Il en est de même pour tous
les autres Génies planétaires, comme le prouve
l'histoire. L'influence des puissances secondes
atteint son apogée, quand les astres parviennent
au sommet de leur révolution (1).

carnations, il doit boire cette eau qui dissout ou plutôt
éloigne la mémoire du passé, dans les agonies d'une seconde mort qui fait dire à l'apôtre, parlant de celui qui
est né à l'immortalité : « Et l'intumescence des grandes
eaux n'approchera plus de lui. »

(1) Ceci a déjà été expliqué à la note 1 de la page 94.

Le sixième recteur du monde fut Gabriel (1),
Ange de la Lune. Son règne commença après
celui de Samaël, Génie de Mars, le 28ᵉ jour du
mois d'octobre de l'an 1771 du monde, pour
durer 354 ans et 4 mois, jusqu'en l'année 2126
du monde (2). Durant cette période, les
hommes se multiplièrent encore, et fondèrent
diverses villes : il faut noter que, d'après les
Hébreux, le déluge eut lieu en l'an du monde
1656, sous le règne de Mars, tandis qu'Isidore
et Béda, interprètes des Septantes, affirment
que ce cataclysme se produisit en l'année 2242,
sous le gouvernement de Gabriel, Esprit de la
Lune, ce qui me semble plus conforme à la

(1) Gabriel, en hébreu גברי־אל signifie « force de
Dieu ». D'après la **Midrash Aba Gorión**, Gabriel est
l'ange qui nourrit Abraham dans une caverne. C'est
aussi le génie de Joseph.

(2) Cette sixième période correspond à la lettre **Vav**
de l'alphabet hébraïque, symbole du « Travail ». C'est la
relation de la cause et de l'effet, c'est aussi l'instant de
la jonction du spermatozoaire et de l'ovule. Le Tarot
il me « **L'Amoureux** ».

vérité, d'après le calcul; mais ce n'est pas le moment d'en faire la démonstration (1).

Le septième recteur du monde fut Michaël (2), Ange du Soleil dont le règne commença le 24 février de l'an 2126 de la création, selon le comput ordinaire, pour prendre fin 354 ans et 4 mois plus tard, en l'an 2480 de la fondation du monde, quatre mois plus tard (3). Sous le

(1) En effet, durant le règne de Samaël, une expansion désordonnée se produisit, tandis que le résultat de cette colossale dilatation de la vie universelle et passive ne se fit sentir que dans la période suivante.

(2) Michaël, en hébreu, מי־כ־אל signifie « Qui est comme Dieu ? » C'est le cri même de l'Archange combattant le dragon, le fameux « Quis ut Deus ? » proféré par la première conscience de l'être dans le plus inférieur des trois mondes. Michaël se protège contre les atteintes du démon en tenant, de la main gauche, le « bouclier de David », plus connu sous le nom de « Sceau de Salomon », tandis qu'il le transperce de sa lance, symbole de l'unité.

(3) Cette septième période se réfère à la lettre **Zaïn** de l'alphabet hébraïque, qui signifie « L'Œuf fermé ». La tête du spermatozaïre, détachée du reste, et emprisonnée dans l'ovule, **comme Noé dans l'Arche,**

règne de cet Ange du Soleil, d'après les Histoires les plus dignes de foi, les Rois commencèrent à apparaître parmi les mortels, et, parmi
eux, Nemrod qui, le premier, s'empara du souverain pouvoir pour dominer tyranniquement
sur ses semblables dévorés par les passions.
La folie des hommes institua aussi le culte des
dieux, et ils se mirent à adorer comme des
dieux les Principes inférieurs. Les hommes inventèrent également à cette époque différents
arts : les Mathématiques, l'Astronomie, la Magie ; puis le culte d'un Dieu unique fut pratiqué
par différentes créatures ; mais, par suite de la
superstition humaine, la connaissance du vrai
Dieu tomba peu à peu dans l'oubli. C'est encore
à cette époque que l'agriculture fut mise en pratique, et que les hommes commencèrent à avoir
des mœurs et des institutions plus policées.

indique le triomphe du réel sur le possible. La gestation
va commencer au sein de la matière, pour la soumettre
et l'élaborer plus tard. Dans le Tarot, la curieuse lame
qui y correspond a nom « Le Chariot d'Hermès ».

Au huitième rang (1), revint Orifiel, l'Ange de Saturne, qui régit de nouveau l'univers pendant 354 ans et 4 mois, depuis le 26e jour du mois de juin de l'an 2480, de la fondation du monde jusqu'en l'année 2834, huit mois plus tard. Sous le règne de cet Ange, les nations se multiplièrent, la terre fut divisée en Régions, quantité de Royaumes furent fondés ; la Tour de Babel (2) fut construite, et la confusion des langues arriva ; les hommes furent dispersés sur toute la terre, et ils se mirent à travailler

(1) Cette huitième période qui est la première du second septénaire, correspond à la lettre **Heth** de l'alphabet hébraïque, « le double stauros ». Elle marque une époque décisive dans la vie de l'humanité. Le fœtus passe par la couleur tête de corbeau des alchimistes ; l'individu vit d'une existence purement relative, subissant, dans le sein, toutes les influences qui agissent sur sa mère. Le Tarot nomme cette lame, « **La Justice** ».

(2) Le mystère de la Tour de Babel se trouve en grande partie élucidé dans le Chapitre de la **Lumière d'Egypte** intitulé « Le Satellite sombre » auquel nous renvoyons le lecteur. Selon la mystique chrétienne, c'est la sphère de l'Antéchrist. C'est la masse d'ombre

le sol avec ardeur, à cultiver les champs, à semer le froment, à planter la vigne, à greffer les arbres fruitiers, et à s'occuper activement de tout ce qui se rapporte à l'alimentation et à la vêture. C'est à partir de ce moment que la distinction de la noblesse (1) se manifesta parmi les hommes, lorsque ceux qui excellaient par leurs vertus et leur génie reçurent de leurs Princes des insignes de gloire dûs à leur mérite. C'est aussi dans ce temps-là que les hommes commencèrent à acquérir des notions d'ensemble sur l'Univers, quand, après la multiplication des races, et la fondation de nombreux royaumes, la différenciation des langues se fut effectuée.

Puis, au neuvième rang, l'Esprit de Vénus, Anaël, recommença à régir le monde, le 29e comprise dans la double spire descendante et ascendante qui se forma lors de la chute édénique hors de la sphère de l'éternité.

(1) Ce sont les premiers mouvements de l'être embryonnaire qui se font sentir.

jour d'octobre de l'An 2834 de la création du
Ciel et de la Terre, pendant 354 ans et 4 mois,
jusqu'en l'An du Monde 3189 (1). Pendant
cette période, les hommes, oubliant Dieu lui-
même, se mirent à rendre un culte aux morts,
et à les adorer ainsi que leurs statues, à la
place de Dieu, erreur qui dura plus de deux
mille ans. La mode introduisant l'usage des
ornements précieux pour le corps, et de différentes sortes d'instruments de musique, l'humanité s'abandonna de nouveau avec excès aux
passions et aux voluptés de la chair, leur élevant
et leur dédiant même des statues et des temples.
C'est à cette époque que Zoroastre, premier roi

(1) Cette neuvième période correspond à la lettre
Teth de l'alphabet hébraïque. C'est le grand nombre
magique, symbole de la hiérarchie. Il représente le placenta dans la gestation. La lame correspondante du
Tarot est l'**Ermite**, dont les mystères sont plus spécialement étudiés dans le « Martinisme », société inia-
tique rénovée depuis les temps, par Martinez de Pas-
qually, et continuée jusqu'à nos jours par le docteur
Papus.

de Bactriane et de plusieurs autres nations, vaincu dans les combats par Ninus, roi d'Assyrie, découvrit le mystère des Incantations et des maléfices.

Au dixième rang, Zachariel, Ange de Jupiter, reprit la direction du monde, le dernier jour du mois de Février de l'An 3189 de la fondation des Cieux et de la Terre. Il régna 354 ans et 4 mois, selon la règle, jusqu'en l'an du monde 3543, plus 4 mois (1). Ce fut l'heureuse époque, avec raison dénommée l'Age d'or; parce que l'abondance de tous les biens de la terre amena l'accroissement du genre humain, et que l'univers atteignit l'apogée de sa splendeur. C'est dans le même temps que Dieu donna à Abraham la loi de la circoncision, et lui promit pour la première fois la rédemption

(1) Cette dixième période correspond à la lettre **Iod** de l'alphabet hébraïque, symbole du **principe rationel des choses surnaturelles**; dans la vie humaine, c'est l'instant de la naissance. Au point de vue philosophique, c'est le **centre de manifestation**.

de l'humanité par l'incarnation de son Fils
Unique. Sous ce règne, les Patriarches, fon-
dateurs de l'esprit de justice, apparurent, et
les justes furent séparés des impies par leur
volonté et par leurs œuvres (1). Dans ces temps
encore, Jupiter, sous le nom Lisanie, Roi et fils
du Ciel et de Dieu, fut le premier qui donna des
lois aux Arcadiens, réussit à les civiliser, enseigna le culte de Dieu, éleva des temples,
institua un corps sacerdotal, et procura aux
hommes une foule de choses utiles ; ce qui fit
qu'on lui donna le nom de Jupiter, et qu'après
sa mort, on le regarda comme un Dieu. Il tirait
pourtant son origine de la caste sacerdotale des
fils d'Héber (2), ainsi que le déclare l'histoire.
On raconte aussi que Prométhée, fils d'Atlante,
sous le règne de cet Ange, fabriqua des

(1) Ceci se réfère à la lame correspondante du Tarot,
dénommée « **La Roue de Fortune** ».

(2) Héber est le patriarche à la fois des Hébreux et
des Arabes, ainsi que le démontre Fabre d'Olivet.

hommes (1), parce que de rudes, il les avait rendus instruits, humains, bons, polis de manières et de mœurs (2); il inventa aussi l'art d'animer les images (3). Ce fut lui qui fit usage pour la première fois de l'anneau, du sceptre et du diadème, et qui inventa les insignes royaux. A cette même époque, d'autres sages, de la race de Jupiter, unirent les hommes et les femmes par les liens du mariage, et apportèrent à l'humanité une foule de choses utiles ; et, à cause de leur grande sagesse, ils furent, après leur mort, mis au rang des dieux : Tels furent Phoronée, qui, le premier, institua chez les Grecs les lois et la justice, Apollon, Minerve, Cérès, Sérapis chez les Egyptiens, et quantité d'autres.

Au onzième rang (4), Raphaël, Esprit de

(1) Tels furent plus tard l'**homunculus** de Paracelse et l'**Androïde** d'Albert le Grand.

(2) Voir, *Le Mystère du Progrès*, par Alexandre, Saint-Yves. Paris, Didier, 1878, in-12.

(3) Conf. Jamblique, *De Mysteriis Egyptiorum*, ch. V: Evocations.

(4) Cette onzième période se réfère à la lettre **Caph**,

Mercure, reprit le sceptre du monde, le premier jour du mois de Juillet de l'An du monde 3543, et gouverna pendant 354 ans et 4 mois, jusqu'en l'an 3897 de la création du ciel et de la terre, plus 8 mois. Pendant cette période, ainsi que le montrent clairement les anciens historiens, les hommes s'adonnèrent avec ardeur à l'étude de la sagesse, et parmi eux les plus illustres furent : Mercure, Bacchus, Omogyrus, Isis, Inachus, Argus, Apollon, Cécrops et maints autres qui, par leurs découvertes, furent utiles au monde et à la postérité. En ce temps-là s'introduisirent parmi les hommes diverses superstitions, telles que le culte des idoles, les incantations, l'art de produire des prodiges diaboliques, et tout ce qu'on attribue généralement à la subtilité et au génie de Mercure prit alors de vastes pro-

de l'alphabet hébraïque, symbole de l'**âge de raison**. C'est le moment où l'enfant sorti du ventre de sa mère, est encore relié à elle par le cordon ombilical. Dans le Tarot, cette lame se nomme « **La Force** », et symbolise l'universelle puissance d'assimilation. C'est le fruit parvenu à maturité qui se détache de l'arbre.

portions. Moïse, le chef très-sage des Hébreux, expert en maintes sciences et dans tous les arts, prêtre de l'unique et vrai Dieu, délivra son peuple de l'esclavage dans lequel les Egyptiens le tenaient asservi. En ce même temps, Janus, le premier, régna sur l'Italie ; Saturne lui succéda, qui enseigna à fumer les champs, et qui passa pour un Dieu. C'est vers cette époque que Cadmus inventa les caractères grecs, et Carmentis, la fille d'Evandre, les caractères latins. C'est aussi sous le règne de ce Raphaël, Ange de Mercure, que le Tout-Puissant donna à son peuple par l'entremise de Moïse, la Loi à laquelle l'Incarnation du CHRIST rendit un éclatant témoignage. Une prodigieuse diversité de cultes se manifesta aussi dans le monde : alors fleurirent nombre de Sybilles, de Prophètes, d'Augures, d'Aruspices, de Mages, de Devins, la Sybille d'Erythrée, celle de Delphes, celle de Phrygie.

A la douzième époque (1), Samaël, Ange de

(1) Cette douzième période se rapporte à la lettre **La-**

Mars, pour la seconde fois, revint gouverner le monde, le deuxième jour du mois d'Octobre de l'an du monde 3897, pendant 354 ans et 4 mois, jusqu'en l'année 4252. Sous son règne arriva cette grande et très fameuse destruction de Troie, en Asie-Mineure ; des monarchies et de nombreux royaumes s'effondrèrent, et quantité de cités nouvelles furent fondées : Paris, Mayence, Carthage, Naples, et maintes autres villes. Nombre de nouveaux royaumes s'élevèrent, parmi lesquels, ceux de Lacédémone, de Corinthe, de Jérusalem, etc.

En ce temps là survinrent dans le monde de

med de l'alphabet hébraïque, qui désigne l'**accomplissement**. Elle correspond au « Pendu » du Tarot, symbole du Grand'œuvre ; cet homme pendu la tête en bas indique, selon Trithême, le renversement de Troie. C'est la clé du premier mot de la Genèse, בראשית qu'on doit lire ainsi que le montre la figure :

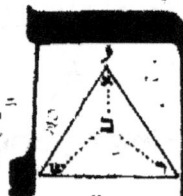

longues guerres et de grandes luttes entre les
Rois et les nations, ainsi que plusieurs changements dans les dynasties. C'est à l'époque de
la prise de Troie que les Vénitiens font remonter l'origine de leur race et la fondation de leur
ville. Et chose remarquable, il existe plusieurs autres nations en Europe et en Asie qui prétendent
descendre des Troyens; mais les preuves qu'elles
apportent à l'appui de la noblesse de leur origine,
dans le désir de se glorifier, comme s'il n'y
avait pas eu avant la ruine de Troie d'autres
nations en Europe et d'autres hommes illustres, sont vaines et mensongères. C'est sous la
domination de cette même planète que Saül, le
premier, fut élu Roi des Juifs; après lui vint
David, puis son fils Salomon, qui, dans Jérusalem, éleva au vrai Dieu un temple célèbre dans
le monde entier. Ensuite, l'Esprit Divin, illumi-
nant ses Prophètes de l'incomparable clarté de
sa grâce, leur confia le don de prédire non
seulement l'incarnation future du Seigneur,
mais beaucoup d'autres choses encore, ainsi que

l'attestent les Saintes Ecritures. Parmi ces prophètes, nous citerons Nathan, fils du Roi David, Gad, Azaph, Achaias, Séméïas, Azarias, Anan, et bien d'autres. Le poète grec Homère, chantre de la ruine de Troie, le Phrygien Darès, le Crétois Dictis, qui en furent témoins, et la racontèrent, passent pour avoir vécu à cette époque.

Pour la treizième période (1), Gabriel, génie

(1) Cette treizième période correspond à la lettre **Mem** de l'alphabet hébraïque, symbole de la **Transmutation**. La graine, semée en terre, pourrit pour renaître. Là réside tout le mystère de la franc-maçonnerie : son triangle, au lieu de signifier une trinité vivante, symbolise le ternaire en soi. Les trois fameuses lettres L. D. P. que l'on traduit dans le monde profane par « Liberté de passer », que les maçons non initiés croient signifier « Liberté de penser », ou « Liberté, Devoir, Pouvoir », qu'Eliphas Lévi traduit ainsi : « Liberté, Destin, Providence », signifient réellement et traditionnellement : LIBRATION, DESTRUCTION, PRODUCTION, mots qu'on doit lire en latin, en les plaçant à chacun des sommets d'un triangle équilatéral droit. Le mot **Libratio**, situé au sommet supérieur, est composé de huit lettres, et le chiffre arabe **huit** désigne, par sa figure, l'infini ∞. Il correspond à

de la Lune, reprit de nouveau la direction du monde, le trentième jour du mois de Janvier de l'an 4252 de la principiation de l'univers ; il régna 354 années et quatre mois, jusqu'en l'an du monde 4606 et 4 mois. C'est à cette époque

Brahma. Le mot **Productio,** composé de neuf lettres, se place à l'angle de droite ; en chiffre arabe, c'est l'in-

Libratio.

Productio. Destructio.

fini qui sort de lui-même pour produire Whishnû, ainsi que l'indique sa forme : une spirale qui naît d'un cercle. Enfin, le mot **Destructio,** placé à l'angle de gauche, et composé de dix lettres, symbole de la seïté de l'individu, et non de son annihilation, comme voudraient le faire croire ceux qui ont perdu l'ésotérisme du Brahmanisme, et font de Shivà un dieu destructeur. Ceci prouve l'origine indienne de la Franc-Maçonnerie. Les Francs-Maçons modernes, en intervertissant l'ordre des deux dernières lettres, ont proféré une épouvantable hérésie, car ils font naître la vie de la mort. On lira d'ailleurs, avec fruit, dans son sens intérieur, le traité d'Aristote sur « la Production et la Destruction des choses ».

que, chez les Hébreux, brillèrent plusieurs
prophètes fameux : tels furent Élisée, Michée,
Abdias et d'autres. Les Rois se succédèrent
rapidement chez les Hébreux. Lycurgue donna
un code et des lois aux Lacédémoniens. Capitus
Sylius, Libérius Sylius, Romulus Sylius, Procas
Sylius, Numitor, rois d'Italie, florissaient sous
le règne de cet Esprit. Sous son influence, prirent aussi naissance nombre d'autres royaumes,
ceux des Lydiens, des Mèdes, des Macédoniens,
des Spartiates, etc. La monarchie des Assy-
riens s'éteignit avec Sardanapale, de même que
le royaume de Médie. De nombreuses lois furent
imposées aux hommes, on négligea le culte du
vrai Dieu, et le culte des idoles prit une grande
extension. En l'année 4491, la 239ᵉ du règne
de Gabriel, furent jetés les fondements de Rome ;
la domination des Syliens prit fin en Italie et
céda la place à celle des Romains. C'est aussi
vers cette époque que parurent en Grèce les
sept Sages, qui furent : Thalès, Solon, Chilon,
Périandre, Cléobule, Bias et Pittacus, et dès

lors les philosophes et les poètes commencèrent à être tenus en grande estime. Romulus, le fondateur de Rome, fratricide et fauteur de sédition, gouverna la ville pendant trente-sept années ; son successeur Numa Pompilius, régna 42 ans ; il développa le culte des dieux, et mourut au temps d'Ezéchias, roi des Juifs. Vers la fin de la domination de ce Génie Lunaire, Nabuchodonosor, roi de Babylone, prit et détruisit Jérusalem, et emmena en captivité le Roi Sédécias et tout son peuple. Le prophète Jérémie avait prédit cette destruction, ainsi que la fin de la captivité.

Après Gabriel (1), Michael, Esprit du Soleil,

(1) Cette quatorzième période se réfère à la lettre **Nûn** de l'alphabet hébraïque, qui, selon Eliphas Lévi, signifie exactement « Les mélanges : les mixtes. » C'est la perpétuité du mouvement et la loi de reversibilité. C'est aussi la tige qui sort du sol, la prime enfance. La quatorzième lame du Tarot se nomme la « Tempérance »; elle représente l'Ange de la Sagesse occulte tenant dans chaque main un flacon d'où jaillissent de l'un à l'autre les deux essences dont l'union constitue l'Elixir de Vie.

reprit le sceptre du monde, le premier jour du mois de mai de l'an du monde 4606. Il régit l'univers pendant 354 années et 4 mois, jusqu'en l'an 4960 de la fondation du monde, plus 8 mois. C'est pendant cette période, qu'Evil Mérodach, roi de Babylone, rendit au peuple Hébreu sa liberté et son roi, sous l'influence de Michael qui, ainsi que l'écrit Daniel, protégeait les Juifs, que Dieu lui avait confiés. En ce même temps, prit naissance la Monarchie des Perses, dont le premier roi Darius et son successeur Cyrus détruisirent cette colossale monarchie Babylonienne, sous le règne de Balthasar, ainsi que l'avaient prédit Daniel et les Prophètes. La Sybille de Cumes fut alors fameuse, par l'offre qu'elle fit au Roi Tarquin l'Ancien de lui vendre à la fois et au même prix les neuf livres contenant la série des prédictions touchant la République Romaine. Quand le Roi eut refusé de donner le prix demandé, la Sybille brûla sous ses yeux les trois premiers livres, et lui demanda ensuite la même somme

pour les six autres. Sur son nouveau refus, elle
en jeta encore trois autres dans le feu; et elle
eût fait de même des trois derniers, si le Roi,
convaincu par ses conseils, n'avait sauvé ces
livres de la destruction, en les payant au prix
demandé d'abord pour le tout. Ces mêmes
Romains, après l'expulsion de leurs rois, dési-
gnèrent deux Consuls annuels. Le tyran Pha-
laris régna à cette époque en Sicile. La Magie
fut également alors en grand honneur chez les
Rois de Perse. Pythagore et plusieurs autres
philosophes florissaient alors en Grèce. La ville
de Jérusalem et son temple furent reconstruits.
Le prophète Esdras restitua de mémoire les
livres de Moïse, pour remplacer le texte original
brûlé par les Chaldéens. On nomma ce nouveau
texte : texte babylonien. Xerxès, Roi de Perse,
conduisit une armée contre les Grecs, mais sans
grand résultat. Rome fut prise, incendiée et
détruite par les Gaulois, à l'exception du Capi-
tole, sauvé par une oie, qui réveilla (par ses
cris) les guerriers endormis. C'est aussi à cette

époque que les Athéniens soutinrent leurs
fameuses guerres, au temps où s'illustraient les
philosophes Socrate et Platon. Après l'abroga-
tion du Consulat, les Romains instituèrent les
Tribuns et les Ediles, tandis que fondaient sur
eux une multitude de calamités. Immédiatement
après la fin de la domination de Michaël,
Alexandre le Grand régna en Macédoine ; il
anéantit la Monarchie des Perses sous Darius,
et soumit à son sceptre l'Asie entière et une
partie de l'Europe. Il mourut à 33 ans, après
un règne de 12 ans et 5 mois. Quantité de
guerres et de maux suivirent sa mort, et son
empire fut démembré en quatre parts. Chez les
Hébreux, pour la première fois, s'élevèrent des
compétitions pour le Souverain Pontificat. Le
royaume de Syrie prit naissance.

Après Michaël, pour la quinzième période (1),

(1) Cette quinzième période correspond à la lettre
Samèch de l'alphabet hébraïque, symbole de « La Fatalité ». Le Tarot nomme cette lame « Le Diable »; tous
les mystères de la prédestination s'y rattachent, et la
loi du choc en retour y est représentée d'une **manière**

Orifiel, Esprit de Saturne, reprit pour la troisième fois le gouvernement de l'Univers, le dernier jour du mois de septembre de l'an 4960 de la fondation du monde ; il régna 354 ans et 4 mois, jusqu'en l'an 5315. C'est sous sa domination que commencèrent les guerres Puniques entre les Romains et les Carthaginois. La ville de Rome fut presqu'entièrement détruite par le feu et l'eau. Le colosse, image de bronze haute de cent vingt-six pieds, fut renversé par un tremblement de terre. Après la guerre Punique, Rome qui, depuis 440 ans, n'avait pas cessé d'être en guerre, eut une année de paix. Jérusalem et son temple furent incendiés et détruits par Anthiochus et Épiphane. Les Macchabées s'illustrèrent dans de glorieux combats. A cette époque, en l'an 606 de la fondation de Rome, Carthage fut détruite et brûla pendant 17 jours consécutifs. En Sicile eut lieu la révolte des 70,000 esclaves contre leurs maîtres.

voilée, il est vrai. C'est le prologue du CRÉPUSCULE DES DIEUX.

De grands prodiges apparurent alors en Europe : les animaux domestiques s'enfuirent dans les bois, du sang coula, et un globe de feu éclatant tomba du ciel avec grand fracas. Mithridate, Roi de Pont et d'Arménie, soutint pendant 40 ans la guerre contre les Romains. Le royaume des Hébreux fut rétabli, après une interruption de 575 ans, depuis Zédéchias jusqu'à Aristobule. Les Germains et les Teutons envahirent l'Italie, et après de nombreux combats, ils furent vaincus, perdant 160,000 hommes, sans compter le nombre considérable de ceux qui se firent périr eux-mêmes avec leurs familles, sous Caïus et Manlius, mais après avoir tué par trahison quantité de Romains. Finalement, quarante années de guerres civiles désolèrent l'Italie. Trois soleils apparurent à Rome et, au bout de peu de temps, se fondirent en un seul. Quelques années après, Julius Caïus César usurpa le pouvoir suprême et, après lui, Auguste, étendant sa puissance sur l'Asie et l'Afrique, les réunit sous un même sceptre. Il régna 36 ans, pendant lesquels Dieu donna la paix au monde. En l'an du monde 5199, la 751ᵉ année de la fondation de Rome, et la 42ᵉ d'Octave César Auguste, en l'an 245 du règne d'Orifiel, Esprit de Saturne, le 8ᵉ mois, le 25ᵉ jour du mois de décembre, Jésus-Christ, fils de Dieu, naquit de la Vierge Marie, à Bethléem, en Judée. Remarquez que, par l'admirable ordonnance de la divine Providence, l'Univers fut créé sous le premier gouvernement d'Orifiel, et qu'il fut sauvé, restauré et renouvelé par sa miséricorde sous sa troisième administration, harmonieuse concordance qui prouve suffisamment l'influence des sept planètes sur le gouvernement de l'univers. En effet, sous le premier régime d'Orifiel, le monde entier ne formait qu'une seule et vaste monarchie qui, sous son second règne, se subdivisa en une multitude de petits royaumes — ainsi que nous l'avons précédemment exposé — qui eux-mêmes, sous son troisième gouvernement, furent ramenés à l'unité; toutefois il est évident

pour des yeux clairvoyants, que la deuxième
période d'Orifiel vit aussi une monarchie unique, lors de l'édification de la Tour de Babel (1).
Sous ce troisième régime d'Orifiel, le royaume
des Juifs fut dispersé, le sacrifice perpétuel des
victimes fut suspendu, et la liberté ne sera
rendue aux Juifs que sous la troisième période
du Génie Michaël, le huitième mois de l'année
1880 (2) de l'ère chrétienne, qui correspond à
l'an du monde 7170. Le grand Pontificat de
l'Église Universelle des Chrétiens fut transporté par Pierre, de Judée à Rome (3), en l'an

(1) Nous n'avons pas besoin d'insister sur tout ce paragraphe, le moins voilé de tout le livre. Néanmoins, nous
recommandons vivement la lecture de la *Tétralogie* de
Richard Wagner, dont la méditation ne saurait manquer
de jeter de vives lumières sur ce paragraphe et le suivant.

(2) C'est en 1881, que le Soleil par suite de son mouvement rétrograde passa de la constellation des Poissons,
dans celle du Verseau, et non en 1897, comme veulent
le faire croire les universitaires. 1881 est aussi un chiffre mystique.

(3) Rome, en hébreu, l'**Elevée** רמעז, remplace Jérusalem, la **Cité de la Paix**. Rome est la Ville éternelle;

299 du troisième gouvernement de l'ange Orifiel; nombre de Juifs et de Gentils embrassèrent la religion chrétienne, par les prédications
des plus simples et des plus rustiques, illumi-
nés, non par la science humaine, mais par
l'Esprit de Dieu. Le monde revint alors à l'in-
nocence et à la simplicité du premier âge.
A l'une et l'autre époque présidait Orifiel,
Esprit de Saturne; les cieux s'unirent à la terre,
et deux sceptres furent donnés aux hommes
pour gouverner le monde : l'un, le supérieur,
pour les choses spirituelles, confiées au Pape;
l'autre, pour les temporelles, à César (1). Quantité de Chrétiens, persécutés par les Princes de
ce monde, périrent pour la foi qu'ils profes-
saient. Vers la fin du règne d'Orifiel, Jérusalem fut détruite par les Romains, et les Juifs

on y parvient par les 32 voies de la Sapience; et on y
entre par cinquante portes, celles de l'Intelligence; et il
n'y a pas d'autre voie; c'est pourquoi il est dit que « tout
chemin mène à Rome ».

(1) La libration.

furent dispersés par toute la terre ; il en fut tué onze cent mille ; quatre-vingt mille furent vendus ; le reste s'enfuit ; et c'est ainsi que les Romains détruisirent complètement la Judée.

Au seizième rang (1), après Orifiel, Anaël, Esprit de Vénus, reprit pour la troisième fois la direction de l'Univers, le dernier jour de janvier de l'an 5315 de la fondation des cieux et de

(1) Cette seizième période correspond à la lettre **Aïn** de l'alphabet hébraïque, symbole de « la destruction par antagonisme ». C'est l'éternel combat entre Ormûtz, le Roi de la Lumière, et Arihman, qui recommence sur un autre plan. Ormûtz l'emporte comme l'indique Trithême quelques lignes plus loin. La monade se dégage avec difficulté de la gangue de la matière ; la libération est lente, mais sûre. De même qu'un jet d'eau remonte nécessairement jusqu'au tiers de la hauteur primitive de chute, ainsi la monade désorbitée et lancée suivant une spire inscrite dans une parabole remonte fatalement à travers les trois règnes inférieurs qui constituent le cycle de la fatalité, ainsi qu'il est écrit (*Exode*, VI, 3) : « Je me manifestai à Abraham, Isaac et Jacob sous le nom d'El-Shaddaï (Dieu fatidique — le Wotan des Druides —), mais ils ne connurent pas le Tétagramme (la loi de libération).

la terre, le 109ᵉ de la Nativité du Christ, pour gouverner pendant 354 ans et 4 mois, jusqu'en l'an du monde 5369 et 4 mois, qui est l'an 463 de l'Incarnation du Seigneur. On devra remarquer que, pendant presque toute cette période du règne de l'Ange de Vénus, l'Église Chrétienne grandit au milieu des persécutions, et finit par prévaloir après le meurtre de milliers d'hommes pour la foi du Christ. Finalement, s'élevèrent au sein de l'Église des hérésies nombreuses, qui ne furent étouffées, avec bien des peines, qu'au bout d'un long espace de temps, dans le sang d'hommes vertueux. C'est alors que s'illustrèrent nombre d'hommes versés dans toutes les branches du savoir : Théologiens, Astronomes, Médecins, Orateurs, Historiens, et non seulement parmi les Gentils, mais aussi parmi les Chrétiens. Les infidèles cessèrent enfin de persécuter l'Église, après que César Constantin le Grand eut reçu le baptême en l'an du monde 5539, lorsque l'Ange de Vénus, Anaël, eut passé le point culminant du

cycle de sa domination. Il y eut bien encore
après cela quelques troubles partiels causés par
les impies, mais cependant l'Église vécut en
paix. A cette époque, le genre humain qui, depuis le temps du roi Ninus, s'était, pendant
2,300 ans, misérablement égaré dans le culte
des idoles, fut miséricordieusement ramené à
la connaissance du Dieu unique. Divers arts
subtils prirent de l'accroissement, et, confor-
mément à la nature de Vénus, se développèrent
et s'embellirent. Car les mœurs des hommes
changent avec le temps, et les choses inférieu-
res correspondent aux supérieures et reçoivent
l'influence de ces dernières. L'âme, d'ailleurs,
est libre, et n'est pas soumise à l'influence des
astres, à moins qu'étant trop attachée au corps
elle ne souille ses attributs et se laisse alors
guider par lui. Car les Anges, moteurs des
orbes, ne peuvent ni détruire, ni altérer aucune
des choses établies par la nature. Une comète
d'une grandeur extraordinaire annonça la mort
de Constantin. L'hérésie d'Arrien troubla la

Sainte Église en maints lieux. Vers la fin de ce gouvernement, au temps de l'Empereur Julien, des croix apparurent sur les robes de lin de certaines personnes. En Asie et en Palestine, des guerres, des pestes et des famines suivirent les apparitions où elles avaient été vues. En ces temps, aussi, vers l'an 360 de l'ère chrétienne, les Francs sortirent de la Germanie, puis envahirent la Gaule, l'occupèrent et donnèrent leur nom à leur conquête. La France était grande et large, et sa métropole était Mayence, aujourd'hui Herbipolis. Les Bavarois, les Suèves, les habitants des bords du Rhin, les Saxons, les Thuringes et les peuplades qui entourent le Pontificat, occupent aujourd'hui la grande partie de la France qui s'étendait en Germanie. En l'an 280 du règne de ce même Anaël, l'Empire Romain commença à décliner, sa capitale fut prise et incendiée par les Goths, après que Constantin eut transporté à Byzance le siège de l'Empire, acte funeste qui fut cause de la décadence de toute la monarchie. Car vers la fin du règne d'Anaël parurent Radagif, Alaric et Athaulfe, rois des Goths, bientôt suivis par Genséric, roi des Vandales, et Attila, roi des Huns, qui envahirent toute l'Europe, mettant en pièces l'Empire, ainsi que nous l'apprennent les historiens de ce temps.

Après Anaël (1), au dix-septième rang, Zachariel, Esprit de Jupiter, reprit pour la troisième fois la direction de l'Univers, le 1er jour de Juin de l'an du monde 5669, qui est l'an 463 de la Nativité du Seigneur. Il régna 354 ans et 4 mois, jusqu'en l'an du monde 6023, qui est l'an 817 du Seigneur. En ce temps, nombre d'hommes se livrèrent avec ardeur à l'étude de la philosophie Chrétienne. Quantité de prodiges se manifestèrent : des comètes, des tremblements de terre, des pluies de sang.

(1) Cette dix-septième période correspond à la lettre **Phé** de l'alphabet hébraïque, symbole de « La fécondité » et de « L'Incarnation ». La lame correspondante du Tarot se nomme « L'Étoile ». C'est le signe du cinquième principe dans l'homme, l'intuition, le Fils.

Merlin, né en Calédonie, au commencement de ce règne, fit des prédictions étonnantes. Arcturus, communément appelé Arthur, Roi très fameux de la Bretagne, asservit les Barbares, rendit la paix à l'Église, triompha dans maintes batailles, répandit la foi Chrétienne, soumit sous son sceptre la Gaule entière, la Norwège, la Dacie et plusieurs provinces. Ce fut le plus glorieux prince de son temps ; après avoir accompli maints hauts faits, il disparut soudain, et pendant bien des années, les Bretons attendirent son retour. Quantité de poëtes chantèrent ses prodigieux exploits ; sous son règne, l'Angleterre était florissante et commandait à trois fois dix royaumes.

En ces temps, les ordres monastiques commencèrent à se multiplier dans l'Église de Dieu. Théodoric, Roi des Goths Ariens, conquit toute l'Italie ; il fit périr le Consul des Béotiens. L'Empire et l'Église étaient dans le trouble : Zénon et Anastase, Empereur d'Orient, Théodoric et ses successeurs en Italie, Honorius, Roi des

Vandales en Afrique, exercèrent une tyrannie sans égale. C'est alors que Clovis, roi des Francs de Gaule, reçut le baptême ; il soumit les Goths et imposa la paix, non toutefois au monde entier, au temps de Saint Benoît, l'an cinq cents de l'Ère Chrétienne, vers le commencement du règne de Zachariel, Ange de Jupiter, dont l'influence amène les changements de dynasties et de royaumes, ce qui arriva pendant cette période, ainsi que le déclarent à maintes reprises les historiens. Ce que cet ange ne put faire lui-même, il en laissa le soin à son successeur Raphaël, Ange de Mercure, qui mit Charlemagne sur le trône des Francs. En effet, pendant ces 350 ans, bien des empires croulèrent : Goths, Vandales, Burgondes, Lombards, Thuringes, Allemands, Bavarois, et quantité d'autres. L'Empereur Justinien fut le premier qui dota la République d'un bel ensemble de lois. Plusieurs hommes éminents s'illustrèrent sous Zachariel. Justinien édifia la basilique de Sainte-Sophie à Constantinople. L'Empire, partagé, fut dans le trouble et la confusion. De nombreux présages apparurent en ces temps, ainsi que le rapporte l'histoire. Cosdra, roi des Perses, s'empara de Jérusalem ; il fut plus tard assassiné par Éraclès. A cette même époque, vers l'an 600 de l'Ère Chrétienne, l'Arabe Mahomet fonda la secte des Sarrazins qui supplanta bientôt complètement l'Empire Romain en Asie. Dagobert, Roi de France, vainquit et extermina les Anglais, alors nommés Saxons.

On doit remarquer que, bientôt après, la foi Chrétienne commença à s'affaiblir en Asie et en Afrique, tandis que s'insinuait la secte des Sarrazins qui infesta bientôt le monde entier, sauf l'Europe, où l'ordre de Saint-Benoît répandit la religion chrétienne. Vers l'an 774 du Seigneur, des croix apparurent sur les vêtements de quelques hommes, et, peu après, l'Empire Romain fut divisé, une partie passant aux mains des Francs, sous Charlemagne. Ce prince restaura l'Église, et fit de nombreuses guerres. Le nom de Gaule Occidentale fut donné, après ses victoires, au territoire Saxon.

Après Zachariel (1), Ange de Jupiter, au dix-huitième rang, Raphaël, Esprit de Mercure, prit une troisième fois le gouvernement de l'Univers, le deuxième jour du mois de Novembre de 6023 de la fondation du monde, qui est l'année 817 de la Nativité du Seigneur. Il gouverna l'univers pendant 354 ans et 4 mois, jusqu'en l'an du monde 6378, ou 1171 du Seigneur. Au commencement de cette période de Mercure, l'Empire Romain passa, comme nous l'avons déjà dit, aux mains de Charlemagne. Après lui, son fils Louis régna 25 ans, et après sa mort, ses fils se combattirent les uns les autres, affaiblissant encore une fois l'Empire. Les Normands dévastèrent la Gaule. Deux fois

---

(1) Cette dix-huitième période correspond à la lettre **Tzadé** de l'alphabet hébraïque, symbole de « l'occultisme », et à la lame du Tarot nommée « La Lune ». L'Ennemi, se voyant vaincu, tente un dernier assaut, ainsi qu'il est écrit : « Veillez et priez, afin que vous n'entriez pas en tentation. »

Rome fut saccagée par les Sarrazins. Sous
Louis II, il plut du sang pendant trois jours.
En Saxe, une ville entière, avec tous ses édifi-
ces et ses habitants, fut engloutie en un instant
dans un terrible gouffre ouvert par un tremblement de terre. Vers l'an 910 du Seigneur,
de grands troubles s'élevèrent en Italie : elle
se détacha de l'empire des Francs, et élut elle-
même ses Rois : le premier fut Bérenger, duc
de Frioul, à qui succédèrent sept rois dans un
espace d'environ cinquante ans, jusqu'au moment où l'Empire passa aux Germains. Le premier Empereur fut Othon, qui entreprit de re-
constituer la Monarchie.

Othon, son fils, et Othon, son neveu, ses
successeurs au trône impérial, convertirent les
Hongrois à la foi Chrétienne. Mais Othon III,
mourant sans enfants, institua les Électeurs de
l'Empire, en l'an 1000e de l'Ère Chrétienne, et
cela s'est conservé jusqu'à nos jours. Les Sarrazins s'emparèrent une fois encore de Jérusalem.
De nombreux présages furent vus dans le

ciel, dans l'air, sur terre, sur mer et dans les eaux. A la mort d'Othon III, Henri Ier lui succéda par l'élection des Princes. Il régna 20 ans et fonda l'Eglise de Bamberg. En même temps que Kunégonde, sa femme, mourut une vierge célèbre par ses miracles. Après lui, Conrad Ier fut élu Empereur, et régna 20 ans. C'est aussi vers cette époque que Godfroy, comte de Bouillon, enleva aux infidèles Jérusalem et la Terre Sainte. Avant la fin du règne de Raphaël, on vit des présages et des signes nombreux, et, peu de temps après, la race Tartare, sortant de ses frontières, infligea de grands maux à l'Empire Romain. La famine, la peste, les tremblements de terre et d'autres calamités fondirent sur l'Empire ; trois Soleils et autant de Lunes apparurent à l'Orient. En l'année 1153 du Seigneur, Frédéric Ier, surnommé Barberousse, prit le sceptre. Il régna 33 ans à partir de la trois cent trente-sixième année du gouvernement de Raphaël, et accomplit une foule de choses admirables : il accrut les forces de l'Empire et entreprit victorieusement de nombreuses guerres. Sous son règne, les Egiens et les Lithuniens embrassèrent le Christianisme.

Au dix-neuvième rang (1), Samaël, Ange de Mars, reprit pour la troisième fois le gouvernement de l'Univers, le 3e jour de Mars de l'an du Monde 6378. Il régna 354 ans et 4 mois, jusqu'en l'an du monde 6732, ou l'an du Seigneur 1525. Sous sa domination, il y eut quantité de guerres dans le monde ; des milliers d'hommes y périrent et plusieurs royaumes perdirent leurs limites. L'Empereur Frédéric Ier eut maints démêlés avec les Princes Romains ; il soutint contre eux de grandes guerres, où les Romains périrent par milliers. Il ravagea Milan de fond en comble. Liège fut détruite. Jérusalem fut encore reprise par les Sarrazins.

(1) Cette dix-neuvième période correspond à la lettre **Qûph** de l'alphabet hébraïque, symbole de « La Cité Sainte ». **Le Tarot** nomme cette lame « Le Soleil ». C'est la descente de la Jérusalem céleste, la transition de la vie terrestre à la vie supérieure.

L'Empire des Tartares prit alors sur terre
une très-grande extension ; ce fut une véritable
calamité pour le monde ; et cela dure encore.
Après Frédéric, son fils Henri fut élu empereur.
A la mort de celui-ci, un schisme entre Philippe
et Othon divisa l'Empire et causa de grands
troubles : maintes batailles s'ensuivirent sur
les frontières d'Allemagne, à Argentine, à
Cologne, à Leyde, à Spire en Wurtemberg et
dans tout le royaume. L'ordre des mendiants
fut institué à cette époque, en la quarantième
année de Samaël, ou à peu près, ce qui prouve
que toutes choses sont providentielles. En Asie
et en Afrique, les Sarrazins livrèrent de nombreux combats aux Chrétiens. Constantinople
fut prise par les Allemands, et Baudoin, comte
de Flandre, fut élevé à la dignité impériale.
Plus de 20.000 enfants de l'Allemagne, séduits
par des discours mensongers leur insinuant de
reconquérir la Terre Sainte, furent enlevés sur
mer par des pirates. Une troupe de pasteurs
venus d'Espagne, s'approchèrent de Paris,

s'emparant des biens du clergé, à la grande
joie du peuple ; mais quand ils voulurent mettre
la main sur ceux des laïques, ils furent massacrés. L'an 1212 de l'Ere Chrétienne, Frédéric II
fut élu empereur ; il régna 33 ans, et fit beaucoup de choses contre l'Eglise. En 1238, une
éclipse eut lieu, et des tremblements de terre
continus détruisirent des milliers d'hommes.
La Frise fut presqu'entièrement submergée
et plus de cent mille hommes périrent. Les
Tartares dévastèrent la Hongrie et la Polo-
gne, et conquirent l'Arménie et plusieurs autres
contrées. L'an 1244 de l'Ere Chrétienne, un
Juif, en fouillant le sol près de Tolède, trouva
un livre où il était écrit que le Christ naîtrait
de la Vierge Marie dans le troisième monde,
et qu'il souffrirait pour le salut des hommes :
immédiatement converti, il fut baptisé. Le
troisième monde, c'est-à-dire la troisième période
de l'Esprit de Saturne, fut, comme nous l'avons
précédemment exposé, le temps où le Christ
naquit d'une Vierge. Les Pontifes Romains, en

déposant Frédéric, laissèrent le trône impérial vacant pendant 28 ans, jusqu'à l'élection de Rodolphe, comte de Habsbourg, qui fut choisi contre les autres princes candidats, qui étaient : Henri, comte de Schwarzenburg en Thuringe ; Guillaume, comte de Hollande ; Conrad, fils de Frédéric ; Alphonse, roi de Castille ; et Richard, comte de Cornouailles, frère du roi d'Angleterre. Les maux se multiplièrent sur la terre. En ce temps, vers l'an 1260 du Seigneur, prit naissance la Confédération Suisse, petite nation qui prit avec le temps assez d'extension ; elle s'attaque à d'autres nations grâce aux hommes belliqueux qui s'élevèrent dans son sein, et agrandit ses frontières, ce qui fit connaitre dans toute l'Allemagne la nouvelle République. L'an 1273 de l'Ere Chrétienne, l'assemblée des Princes élut Rodolphe de Habsbourg qui régna 18 ans. Homme prudent et sage en toutes choses, c'est de lui que descendent tous les ducs d'Autriche. Les Tartares envahirent les pays chrétiens, s'emparèrent de

Constantinople et de la Grèce, causant grand
dommage aux Chrétiens. Les Sarrazins prirent
plusieurs villes en Asie, tuant plus de 400 Chrétiens. A la mort de Rodolphe, Adolphe de
Nassau fut élu Empereur, et régna 6 ans. Albert,
fils de Rodolphe, le vainquit à Worms, et l'ayant
tué, il fut élu à sa place en 1298. Après dix années de règne, il fut lui-même tué par le fils de
son frère. L'Ordre des Templiers fut détruit sur
l'injonction du Pape Clément V. L'île de Rhodes
fut reprise aux Sarrazins après un siège inin-
terrompu de quatre années. Après l'assassinat
d'Albert par son neveu, Henri VIII, comte de
Luxembourg, fut nommé Empereur et régna
cinq ans. Après lui, Louis IV, de Bavière, fut
Empereur pendant 32 ans, à partir de 1315 ;
c'étaient les Cardinaux romains qui lui avaient
donné la couronne. Frédéric, duc d'Autriche, s'y
opposa mais fut battu. Ensuite Charles IV, roi de
Bohème, fut Empereur pendant 31 ans ; il éleva
à la dignité archiépiscopale l'évêché de Prague.
De grands tremblements de terre se produi-

sirent. Ce même Charles institua de nouveau des droits de perception en faveur des Princes Electeurs. Gunther, comte de Schwarzenburg, ayant pris le titre d'Empereur, fit une vaine opposition à l'Empereur Charles. Après sa mort, son fils Wenceslas régna 22 ans. Iodoque, Marquis de Moravie, vainquit Sigismond, fils de Wenceslas, et Wenceslas fut déposé. Léopold, duc d'Autriche, fut tué avec 8 comtes et plus de 4.000 Suisses dans la guerre qu'il avait entreprise. C'est sous Wenceslas, Empereur et Roi de Bohème, que la secte des Hussites prit naissance. Après la déposition de Wenceslas, Rupert, comte Palatin du Rhin et Duc de Bavière, fut élu Empereur et régna 10 années. L'an 1396, les Chrétiens déclarèrent la guerre aux Sarrazins, mais sans succès, à cause de l'arrogance des Français. Cent mille hommes succombèrent ou furent emmenés en captivité comme Jean, duc de Bourgogne. Il y eut beaucoup de guerres en ce temps. En 1407, Sigismond devint Empereur et régna 27 ns.

Il fit ravager la Bohème, pour en extirper l'hérésie, mais sans grand résultat. Le royaume de France fut épouvantablement dévasté par les Anglais et les Bourguignons. A la mort de Sigismond, son gendre Albert, duc d'Autriche, lui succéda en l'an 1438 de l'ère chrétienne et régna deux ans. Ce fut un homme excellent et digne de l'Empire. Après lui Frédéric III, duc d'Autriche, fils d'Ernest, fut élu Empereur par les Princes. Il régna 56 ans. Ce fut un homme de génie divin et d'âme pacifique. Il monta sur le trône en l'an 1440 du Seigneur.

En 1453, Constantinople fut prise par les Turcs, par la trahison d'un certain Janvens, et bientôt la Grèce entière abandonna le Christianisme. Car, en peu de temps, plusieurs principautés et royaumes chrétiens furent pris et dévastés par les Turcs. En ces temps-là de graves et nombreuses guerres éclatèrent parmi les Chrétiens, en Gaule, en Angleterre, en Saxe, en Westphalie, en Prusse, en Flandre, en Suède, et autres pays. C'est à cette époque que l'art de l'imprimerie, admirable découverte, présent divin, fut retrouvé à Mayence, métropole d'Allemagne. En l'an 1456 de l'Ère Chrétienne, les Turcs, massacrés en Hongrie par les fidèles, périrent en grand nombre. Un admirable pèlerinage d'enfants vint à Saint-Michel. Il y eut dans le royaume de Naples des tremblements de terre qui firent périr plus de 40,000 personnes. En 1462 du Seigneur, Mayence, Métropole des Francs, fut prise et saccagée. Charles, duc de Bourgogne, battit les Français en 1465. Deux ans plus tard, en 1467, il détruisit Dinan et Laon. En 1473, il envahit la Gueldre, la conquit par la force des armes, ainsi que le duché de Lorraine. Une comète apparut au mois de janvier de l'an 1472 du Seigneur. L'année suivante, en 1474, Charles, duc de Bourgogne, mit le siège devant la place forte de Nancy. En 1477, ce vaillant prince fut tué à la guerre. A cette époque, les Turcs s'emparèrent de plusieurs villes Chrétiennes, de Négrepont en Eubée, du Royaume de Bos-

nic, du Duché de Spète, de l'Achaïe, de la My-
sie et de plusieurs principautés d'Orient. En
1476, se teint à Wickaushausen, en Franconie,
une grande assemblée de fous, où furent émi-
ses un tas de sottises. En 1480, les Turcs assié-
gèrent Rhodes avec une puissante armée, mais
sans succès ; ils quittèrent Rhodes la même
année, et s'emparèrent d'Hydron, où plus de
12,000 Chrétiens périrent ; 22 seulement échap-
pèrent par la fuite. L'année suivante, le Sultan
des Turcs, Mahomet, mourut, et son fils aîné,
Bajazet, lui succéda au trône, à l'âge de 27 ans
seulement. L'an 1486 de l'Ère Chrétienne,
Maximilien, fils de Frédéric, fut sacré Roi des
Romains à Franckfort, et salué Empereur en
1508 par le Pape Jules II. Il fonda l'Ordre mi-
litaire de Saint-Georges contre les hérétiques
et les Turcs ; il vainquit les Suisses, réduisit
les Sicambres, et triompha de tous les rebelles.
Le Roi de France, selon sa coutume, toujours
à la poursuite de la Couronne Impériale, our-
dit des ruses contre l'Empire ; mais le Tout-

Puissant maintint ce qui fut organisé sous le
régime de Samaël. En 1508, les Vénitiens, ré-
voltés contre l'autorité de l'Empereur, sont
punis du bannissement et de la mort : l'entê-
tement sera puni, la sage soumission récom-
pensée. Vers la fin de cette troisième période
de Samaël, un changement important, rame-
nant les choses à leur premier état, amènera la
destruction de quantité de mondes ; en effet, si,
par la volonté de Dieu, le **point gamma** (γ)
n'est pas ramené vers le Nord (1), il survien-
dra un changement dans quelque Monarchie
ou dans un grand royaume. Une grande secte
religieuse s'élèvera pour remplacer les anciens
cultes. Il est à craindre que la quatrième bête
ne perde une tête (2). Pendant la première période de Samaël, Mars annonçait le Déluge ;
pendant la deuxième, la ruine de Troie ; vers
la fin de la troisième, il y aura rupture de l'U-

(1) Là est exprimé le mystère de la précession des
équinoxes.

(2) Allusion à l'Apocalypse.

nité ; en effet, d'après les précédents, on peut
inférer ce qui s'ensuivra : Cette troisième période de Mars ne s'achèvera pas sans que la
prophétie s'accomplisse, et qu'une nouvelle religion soit instituée. Il reste, à partir de cette
présente année 1508 de l'Ère Chrétienne, 17 ans
avant l'expiration du règne de Samaël ; il s'y
manifestera des présages de malheurs. Car,
avant l'année 1525 de l'Ère Chrétienne, les
croix vues en ces dix prochaines années sur
les vêtements des hommes auront leurs consé-
quences ; mais à treize ans de là, par la force
du droit, tu céderas ta place à un ignorant,
pour, après ces événements nécessaires, te re-
lever plus grand dans ton petit-fils, à mon avis,
à moins qu'il ne te soit donné de dominer les
ombres qui te menacent.

Pour la vingtième période (1), Gabriel, Ange

(1) Cette période correspond à la lettre **Resh** de
l'Alphabet hébraïque, symbole d'AZRAEL, l'Ange des
Vallées futures. C'est lui qui doit dissoudre de son glaive
le **Satellite Sombre**, dont il ne restera plus rien dé-

de la Lune, reprendra la direction du monde, le 4e jour du mois de juin de l'an 6732 de la création, qui est l'année 1525 de l'Ère Chrétienne. Il gouvernera l'Univers pendant 354 ans et 4 mois, jusqu'en l'an du monde 7086, au huitième mois, ou 1879 de la Nativité du Seigneur. Il faudra une prophétie pour la série des événements futurs. Je ne garantis pas les choses que j'écris, très sage César, mais on peut raisonnablement y croire sans préjudice pour la foi orthodoxe. Il y a des personnes qui supposent que ces périodes correspondent aux mois Lunaires; si telle est votre opinion, j'y puis agréer, mais il faudrait alors changer ce que j'ai écrit (1).

sormais : le mal aura pour jamais disparu, pour faire place au bien et à la vie éternels. Aussi le Tarot nomme-t-il avec raison cette lame : « Le Jugement dernier », ou purification dernière par le feu, accompli par les rigoureux Séraphins. La seconde mort délivrera définitivement Psyché des liens de la matière.

(1) Cette phrase est une indication précieuse sur la manière d'interpréter ce livre, dénommé par Trithème

Du reste, de la main je témoigne, de la bou-
che je confesse qu'en toutes ces choses, je ne
crois et n'admets que ce que l'Église Catholi-
que a approuvé par l'autorité de ses docteurs ;
et je repousse tout le reste comme de vaines
et superstitieuses fictions.

lui-même une **Chronologie Mystique.** Il est construit
suivant la tradition mâle essénienne, et non autrement.
Les détails, d'abord peu nombreux au début de l'ouvrage
(et cela se conçoit aisément), augmentent dans une proportion graduée au fur et à mesure du développement
des principes exposés. Pour les notes, nous avons cru
devoir suivre un ordre inverse, afin de laisser une plus
grande latitude aux chercheurs. Les deux dernières lames du Tarot, le **Shin,** symbole de la « **Matière aban-
donnée** », et le **Thau** qui représente la « **Science
universelle** », n'y sont point décrites, parce que leur
action, au lieu de se limiter dans le Temps, s'élève jusqu'à l'Éternité, le Shin étant le chaînon qui relie les trois
mondes à la sphère resplendissante d'Atzilûth, dont le
Thau est le couronnement suprême, le seuil même de
l'Absolu.

TABLE DES MATIÈRES

TABLE DES MATIÈRES

———

———

A-
chevé
d'imprimer
le Vingt-sept Juin
de l'an de grâce Mil
huit cent quatre-vingt-
dix-sept, sur les
presses de l'Impri-
merie Profes-
sionnel-
le.

DANS LA MÊME COLLECTION

Pour paraître :

Rabbi Issachar Baer. — *Commentaire sur le Cantique des Cantiques.*

---

www.ingramcontent.com/pod-product-compliance
Lightning Source LLC
Chambersburg PA
CBHW072114090426
42739CB00012B/2966